"ज़हनी अल्फाज़ - ज़िन्दगी के रंग, कविता और शायरी के संग"

कभी-कभी ज़िन्दगी हमें उन रास्तों पर ले आती है,

जहाँ शब्द ही हमारा सहारा बन जाते हैं।

हर दर्द, हर मुस्कान, हर एहसास को जब समझने वाला कोई न मिले,

तब काग़ज़ हमारा सबसे सच्चा हमसफ़र बन जाता है।

यह किताब उसी सफ़र की कहानी है—

इश्क़ के रंगों से लिपटी,ज़िन्दगी की उलझनों से निकली,

और दिल की खामोशी में जन्मी।

मेरे लिखे हर शेर और हर कविता में

किसी न किसी लम्हे का सच छुपा है—

कहीं मोहब्बत की नमी है, कहीं दूरी की कसक,

कहीं बिछड़ने का दर्द, कहीं उम्मीद की हल्की-सी रौशनी।

कहीं इतिहास में किसी के वीरता की गाथा,

और इस जहां में छिपी ईश्वर की माया,

संपूर्ण रूप से मेरे अल्फाज़ों में है।

अगर इन अल्फ़ाज़ों में आपको

अपनी कहानी का एक टुकड़ा भी मिल जाए,

तो मैं समझूंगा कि मेरा लिखना मुकम्मल हो गया।

यह किताब सिर्फ मेरी नहीं...

यह उन सभी दिलों की है

जो चुप रहकर भी बहुत कुछ कह जाते हैं।

Author - Vikash Soni

ज़हनी अल्फाज़ - ज़िन्दगी के रंग ,कविता और शायरी के संग

किताब की विषय सूची

कविता आनंद_कविता - 1.

शीर्षक - कर्ण युद्ध में कहाँ हारा था

कर्ण युद्ध में कहाँ हारा था, उसने तो अपना

जीवन अपनी माँ पर वारा था,

जन्म से निर्दयी माँ ने छोड़ा था, राधा माँ ने अपनाया था,

क्षत्रियों की भीड़ में सूत पुत्र बतलाया था,

माँ की ममता मोन रही शास्त्र बहुत पछताया था,

तब दुर्योधन ने उसकी श्वास को थमा था, और उसे अपना मित्र बनाया था,

कवच कुंडल दान में देकर जिसने इंद्र अभिमान को तोड़ा था,

तब दानवीर कर्ण नाम को उसने अपने हिस्से जोड़ा था,

भीषण रण् में रथ पर सवार,जब वो सूरवीर सा चौड़ा था,

उसकी हुंकार सुन, माधव का धीरज डोला था,

तब कुरुक्षेत्र महारथी कर्ण के जयकारों से बारम्बार गुँजा था,

" अरे भगवन जब तुम उसे "

अर्जुन जैसा पाठ पढ़ाते, अपने रथ का पार्थ बनाते,

इंद्र संग ना स्वांग रचाते, ना उसकी माँ से वचन दिलाते,

ना विद्या का भूल कराते, ना रथ तुम भू में धँसाते,

"तब युद्ध में उसे हराते, तब युद्ध गौरव कहलाता "

"कर्ण युद्ध में हारा कहाँ था, उसने तो अपना जीवन अपनी माँ पर वारा था "

Author -Vikash soni

कविता - 1. एहसास -

"कर्ण युद्ध में कहां हारा था" कविता जब मैंने लिखी थी, तब मुझे अपने बचपन एक घटना याद आई, जब करीब में 12 साल का रहा हूंगा और मेरे पिता ने पकड़ कर मुझे महाभारत जो tv पर आती थी,दिखाई थी,में देखना नहीं चाहता था लेकिन उन्होंने मुझे यह कहकर दिखाई की मुझे इसे देखकर जीवन में एक अच्छी शिक्षा मिलेगी कुछ तुम सीख सकते हो तो में भी उनके साथ महाभारत देखने लगा और सच में मुझे वो अच्छी लगने लगी उसमें में कर्ण के किरदार से में बड़ा प्रभावित हुआ जब मैंने पूरी महाभारत देखली तो एक दिन मेरे पिता ने मुझसे पूछा तुम्हे महाभारत कैसी लगी और मैंने उनसे कहा बहुत अच्छी लेकिन कर्ण के साथ बहुत गलत हुआ पूरी महाभारत में मुझे इस बात का दुख है तो उन्होंने मुझ से कहा अरे बेटा ये भगवान की लीला है इसमें सवाल नहीं करते में उन्हें जो उस दिन कहना चाहता था में नहीं कह पाया या समझा पाया क्योंकि उस दिन मेरे पास शब्द नहीं थे लेकिन जब मैंने लिखना शुरू किया और मुझे जब कर्ण के विषय में लिखना था तो मुझे यह घटना याद आई और मैंने इस कविता में वो ही लिखा है जो में उस दिन अपने पिता से कहना चाहता था या उन्हें समझाना चाहता था ये कविता भले ही मैंने लिखी अभी है लेकिन इसमें भाव उस 12 साल के बच्चे के ही है उम्मीद करता हूं,के पाठकों को मेरी यह कविता पसंद आए।

कविता - 2. "शीर्षक - नारी का सम्मान करो"

शतरंज के खेल में, रानी का बचाव करो,

संसार के मेल में, नारी का आदर से सम्मान करो,

सम्मान करते हो तुम अगर ?

तो क्यों, दुर्योधन ने ,माँ जननी का अपमान किया,

फिर अपने पैरों तले यूं रोंद दिया,

तो क्यों,उस दयुत सभा की भांति फिर से संसार ने यूं मोन लिया,

तो क्यों कुछ असुरों ने, फिर से नारी पर आतंक किया,

बहुत हुआ बस,माँ काली बनकर अब तुम नरसंहार करो,

दुष्टों के शव पर तांडव बारम्बार करो,

तब यह संसार त्राहिमाम -त्राहिमाम शोर मचाएगा,

फिर अपने बच्चों को ये नारी का सम्मान करना सिखाएगा,

तभी ये सीता के त्याग का, राधा के प्रेम का और द्रोपदी कि

लाज का आदर से सम्मान करेंगे,

तभी ये इतिहास में,रामायण और महाभारत को फिर से याद करेंगे,

ये तभी जानेंगे के,जिस कुल के तुम दीपक हो वो कुल नारी से ही उत्पन्न हुआं,

जब तक रानी रही शतरंज में,तभी तक राजा को कुछ ना हुआ,

अगर तुम कोई भृम में हो,तो उस भृम को मन से साफ करो,

शतरंज के खेल में,रानी का बचाव करो ,संसार के मेल में,नारी का आदर से सम्मान करो | Author - Vikash Soni

कविता - 2. एहसास -

नारी का सम्मान करो कविता मैने लिखी जब बंगाल में एक लड़की जो नर्स थी उसके साथ दुष्कर्म हुआ इस घटना की न्यूज हर जगह चल रही थी और कही न कही हर कोई इस घटना की वजह से आक्रोश में था तभी मेरे एक दोस्त ने मुझ से कहा तुम इस घटना को कैसे देखते हो तो मैने उससे कहा कि यह मानवता की बहुत बड़ी हार यह एक शर्मनाक घटना है तो उस दोस्त ने कहा कि तुम इतना अच्छा लिखते हो तुम्हे इस पर कुछ लिखना चाहिए तब मैने सोचा हां जरूर मुझे लिखना चाहिए लेकिन में किसी एक घटना पर नहीं बल्कि कुछ ऐसा लिखना चाहता था जिससे जो भी मेरे काव्य को पढ़े उसे एक संदेश लगे जिसमें एक सीख हो और एक उम्मीद के फिर ऐसा कभी दोहराया न जाए तब मुझे अपनी मां की एक बात याद आई जो बात उन्होंने एक बार मेरे पड़ोस में रहने वाली आंटी से कही थी और मैने उनकी यह बात सुन ली थी उन्होंने कहा था कि अगर हमारी लड़कियों के लिए हम सुरक्षा और सम्मान की आशा रखते है तो हमें हमारे लड़कों को बचपन से ही लड़कियों का आदर और सम्मान करना सीखना चाइए ताकि वो बड़े होकर गलती से भी कोई गलत कदम न उठाए इस कविता में मैने उनकी इस बात को ध्यान में रखकर लिखा है और आशा करता हूं के मेरी इस कविता के पाठकों को मेरी मां की सोच प्रेरित करें |

कविता - 3. शीर्षक - " कयामत का दिन"

आओ तुम्हें कयामत का दिन दिखाते है ,

खुद के हाथों से खुद का विध्वन्स दिखाते है ,

तुम क्यों इतराते हो अपनी इस झूठी पहचान पर ,

कयामत के दिन खुद हि खुद से मरोगे, इस बात को जानकर,

तुम्हें गुमान है कि, तुम न देखोगे उस दिन को अगर ,

अपनी आने वाली पीढ़ी कि आँखों से तुम ,

भी देखोंगे उस विध्वन्स को मगर ,

आज नहीं है तुम्हें कोई अफ़सोश मगर, उस दिन खुद को कोसोगे,

अपने आने वाली पीढ़ी का विध्वन्स जब स्वयम् से देखोगे ,

अगर उस दिन को पार लगाना है तो इस दिन को तुम देखों जी ,

उस परमेश्वर कि राह पर अपना पैर निकालो जी ,

तुम्हें देख तुम्हारी पीढ़ी तुम से ही तो सीखेगी ,

माँ के अंचल, प्यार के दामन और शव के सामन में फर्क तब तो वो सीखेगी ,

आज सवारों इस जीवन को,तो उस दिन पार लग जाओगे ,

आने वाली पीढ़ी तुम्हें फिर अपनी मुस्कान तुमको लोटायेगे ,

स्वतः चलता रहेगा ये चक्र,जब तुम इस सार को समझ जाओगे ,

शायद कयामत का वो दिन कभी ना आये फिर तुम खुद से ये कह पावोगे |

Author -Vikash soni

कविता - 3. एहसास -

कयामत का दिन कविता मैने तब लिखी जब में सोच रहा था की क्या सच में कभी इस दुनिया में कयामत का दिन आएगा अगर हां तो वो कैसा होगा और क्या उसे रोका जा सकता है क्योंकि इस दुनिया में अनेकों धर्म है और इन सभी धर्मों के धर्म ग्रंथों में कयामत के दिन का उल्लेख जरूर मिलता है यह केवल संयोग तो नहीं हो सकता तभी मेरे अंदर एक विचार ने जन्म लिया और मैने उसे एक खूबसूरत कविता में ढाल दिया यह कविता लिखने के बाद मुझे ऐसा लगा जैसे मानो परमेश्वर खुद मेरे जरिए इस दुनिया को संदेश देना चाहते है इसी बात को ध्यान में रखते हुए में आशा करता हूं की यह कविता मानवता के कल्याण के लिए एक मार्गदर्शन बने |

कविता - 4.

शीर्षक - "लक्ष्मी संवाद"

जिस वेतन को तुम, पल -पल तरसे, तुम उसको कहा लुटाते हो,

जुआ-शराब, मांस-मटन, गुटखा-धूम्रपान में बिना सोचे समझें उड़ाते हो,

में लक्ष्मी में कैसे ठहरु, तुम मुर्ख के हाथों में, तुम मुझे कहा कभी बचाते हो,

ना जाने किस हवस की खातिर, वेश्याओं पर छिपकर मुझे उड़ाते हो,

इसके बाद जब आते घर के खर्चे, तुम कर्जे में पड़ जाते हो,

कोसोगे बेकार मुझे, भाग्य, अपने बालम को, फिर बिना काम पछताते हो,

पहले देखो तुम खुद को, फिर देखो अपने आँगन को, तुम ऐसे क्यों इतराते हो,

में लक्ष्मी में ठहरु उसके घर, जो इन दुष्कर्मों से दूर रहा,

तुम मेरे कैसे बालक हो, जो मुझसे पिछा छुड़ाते हो |

Author - Vikash soni

कविता - 4. एहसास -

लक्ष्मी संवाद कविता मैने तब लिखी जब मेरे साथ में काम करने वाले एक दोस्त ने मूझ से प्रश्न किया की यार विकाश भाई में इतना कामता हूं फिर भी मेरे पास पैसा क्यों नही बचता ? तब मुझे एक बात याद आई जब में घर छोड़कर जा रहा था तब मेरी बड़ी अर्चना भाभी ने मुझे एक बात समझाई थी उन्होंने मुझ से कहा था की विकास पैसा उन्ही के पास बचता है जो जुआ शराब जैसे फालतू खर्चों से दूर रहते है इंसान को अपनी और अपनी घर की परिस्थिति देखकर कोई कार्य करना चाहिए एक अच्छे आचरण से जीने वाला व्यक्ति कभी किसी परेशानी में नही उलझता अगर तुम्हे कुछ करना है इन बातों का तुम्हे ध्यान रखना होगा तो मैने उनकी कही बात को समझकर एक कविता में ढाल दिया और यह कविता अपने दोस्तों को सुनाई सच बताऊं यह कविता सुनकर सभी की आँखें शर्म से नम हो गई थी उन्हे लगा की में उन्हें नीचा दिखाने की कोशिश कर रहा हूं उनमें से मेरे एक दोस्त ने कहा विकाश तुमने ये हमारी बुरी आदतों को देखते हुए हमें नीचा दिखाने लिखी है मैने कहा नहीं ये कविता मेरे बारे में है क्योंकि ये सारी बुरी आदतें मुझ में ही थी जब में मेरे शहर में रहता था और मेरे पास भी कभी भी पैसा नहीं बचता था तब फिर वो थोड़े शांत हुए लेकिन यह कविता एक दम एक प्रकार का दर्पण है उनके लिए जो कहते है की में पैसा कामता हूं लेकिन मेरे पास बचता नहीं हैं |

कविता - 5. शीर्षक - " नादान परिंदे है हम "

नादान परिंदे है हम, जरा भटक जाने दो हमें, एक दिन वापस घर ही तो आयेंगे,

जरा नजदीक से देख लेने दो, हमें भी यह मायाजाल,

हम जानते है,कि हम इस में फस जायेगे, फिर भी हम बाज़ ना आयेंगे

नादान परिंदे है हम, जरा भटक जाने दो हमें, एक दिन, वापस घर ही तो आयेंगे,

जरा खेल लेने दो हमारी जान से इन शिकारियों को,

हमें यकीन है, हम जैसे-तैसे खुदको इन से बचा ही ले आयेंगे,

नादान परिंदे है हम, जरा भटक जाने दो हमें, एक दिन वापस घर ही तो आयेंगे,

चाहे कुछ भी हो हमारे साथ,हम अपनी करनी पर न पछतायेंगे,

हम जानते है खुद को, कि जरा भी सब्र नहीं है हममें,

जरा दिखेगा हमें आसमान, हम फोरन उड़ जायेगे,

नादान परिंदे है हम, जरा भटक जाने दो हमें, एक दिन वापस घर ही तो आयेंगे,

कुछ कर गुजरने कि चाहत है, अब इस दिल में,

नहीं तो कब, अपना हुनर इस जहाँ को हम दिखा पायेंगे,

हमें हमारी कहानी बुन ने, तो दो, हम अपना आशियाना खुद बनायेंगे

नादान परिंदे है हम, जरा भटक जाने दो हमें, एक दिन वापस घर ही तो आयेंगे,

अगर कुछ ना भी हासिल कर पाये,फिर भी थोड़ा तजुर्बा हम,अपने साथ ले ही आयेंगे,

फिर सजेगी जब भी यारों कि मेहफील, तब अपनी दास्तान सब को सुनायेंगे,

नादान परिंदे है हम, जरा भटक जाने दो हमें, एक दिन वापस घर ही तो आयेंगे,

Author -Vikash soni

कविता - 5. एहसास -

नादान परिंदे है हम कविता मैने अपने उस बचपन के एहसास को ध्यान में रखकर लिखी हैं जब में लगभग 13 - 14 साल का रहा हूंगा और में कही पर अपने शहर से बाहर घूमने जाना चाहता था अपने दोस्तों के साथ और मेरे पिता मुझे मना कर देते थे लेकिन मैं फिर भी चला जाता था मेरे पिता की एक बात जो मुझे सबसे ज्यादा पसंद थी पता है क्या अगर में कभी उनसे किसी भी काम का पूछता और वो उन्हें सही नहीं लगता था तो एक पिता की तरह मुझ से मना कर देते थे लेकिन अगर वो काम मुझे करना है तो में वो करता था और मेरे पिता कभी भी मुझे रोकते नहीं थे जैसे वो मुझे बचना तो चाहते थे लेकिन बांधना नहीं |

कविता - 6.

शीर्षक - “सपना उम्मीद का “

शिकायत तो गैर करते है, अपने तो समझाते है,

नाराज तो गैर होते है, अपने तो मनाते है,

तुम मेरे अपने सपने हो, जब से तुम आये हो,

उम्मीद अपने साथ लाये हो,

जब से हाथ तुम्हारा थमा, मैंने अपने आप को जाना,

तुम नीदों से भी कोमल हो,फिर क्यों हकीकत से ओझल हो,

तुमने जान भरी इस जान में, जाने कोन घड़ी में आये थे,

पल भर के लिए सही,इन आँखों में नमी तुम लाये थे,

तुम मेरे अपने सपने हो, तुम ने स्वास भरी इस तनमन में

तुमने आस भरी इस जीवन में,

अरे तुम ऐसे क्यों शर्माते हो, ना जाने क्या क्या तुम मुझे बतलाते हो,

इस दुनिया की भीड़ से तुम, मुझे सबसे अलग दिखाते हो,

उस रात को हुआ सबेरा, जिस रात तुम आये थे,

मेरी सोयी उम्मीदों को जब, वापस तुम जगाये थे,

बस तुमसे इतना कहना, मेरी उम्मीद तुम्हीं से है,

गैरों पर विश्वास नहीं, मेरा साथ तुम्हीं से है,

तुम तो मेरे अपने सपने हो, जब से तुम आये हो,

उम्मीद अपने साथ लाये हो |

Author -Vikash soni

एहसास -

सपना उम्मीद का कविता जब स्वरूप में आई थी जिस दिन मैने एक ऐसा सपना देखा जो मेरे अंदर एक उम्मीद भर गया ये कुछ ऐसा था की मानों जिसको शब्दों में बयान नहीं किया जा सकता मैं अपनी जिंदगी और हालातों से हार मान चुका था लेकिन इस सपने ने मुझे दिखाया की विकाश अभी देर नही हुई है तुम अब भी जीत सकते हो और वो सब कुछ हासिल कर सकते हो जो तुमने कभी सोचा था जब में नीद से उठा तो मेरे जहन में एक सुकून था और दिल से आवाज आई की ये सपना किसी दिन सच हो जाए तो मेरा जीवन सफल हो जायेगा |

कविता - 7. शीर्षक - "मुसाफिर "

मैने यहाँ कुछ मुसाफिरों को, दो वक़्त की रोटी के लिए, अपना लहु बहाते देखा है,

फिर उसी लहु से, मुस्कुराकर अपनी अर्धांगिनी को,

अपने से लाली लगाते देखा है,

वो कोई और होंगे, जो थक कर चूर हो जाते होंगे,

मैने थक कर चूर मुसाफिर को, यहाँ बोझा उठाते देखा है,

वा री तक़दीर तेरे खेल निराले है,

तुने यहाँ किसी तोफे में दि बादशाहत और किसी को यहाँ नौकर शाही से नवाज़ा है,

फिर भी तु मेरा यकीन कर, मैने उन्हें तेरा हंसकर मज़ाक उड़ाते देखा है,

ये मुक़द्दर मैने सुना है, तु सब के हिस्से का भत्ता उन्हें बराबर देता है,

मगर उनके हिस्से फिर क्यों कम भत्ता ही आता है,

फिर भी वो बड़ी शान से अपना गुजारा चालाता है

इसलिए श्याद, उनकी आँखों का सुकुन, मुझे खुदा के नूर कि तरह नज़र आता है,

मैने आसमान तले, उन्हें, चैन से, बिना किसी शिकायत के सोते हुये देखा है,

और मौसम कि मार से तक़दीर, मैने, तुम्हें, उन्हें सताते हुये देखा है,

फिर भी तु मेरा यकीन कर, मैने उन्हें तेरा हंसकर मज़ाक उड़ाते देखा है,

मैने यहाँ कुछ मुसाफिरों को, दो वक़्त की रोटी के लिए अपना लहु बहाते देखा है,

फिर उसी लहु से मुस्कुराकर अपनी अर्धांगिनी को, अपने से लाली लगाते देखा है |

Author -Vikash Soni

एहसास - कविता - 7.

मुसाफिर कविता मैने जब लिखी जब मेरे एक दोस्त जो मेरे साथ कंपनी में मजदूरी का काम करता था उसने जब मुझ से कहा विकाश भाई कुछ हमारे वारे में लिखो जो हम जैसे आम गरीब इंसान के बारे में हमारी जिंदगी के बारे होसच बताऊं इससे पहले मेरी जिंदगी बहुत आसान थी और मैंने इससे पहले इतनी परेशानी और गरीबी नहीं देखी थी कभी - कभी वो मेरे साथ काम करने वाले यार साथी मुझे अपनी घर के परेशानी घर के दुःख मुझ से साझा करते थे मेरी आंखे नम हो जाती थी फिर भी वो मेरे यार दोस्त मुस्कुराकर शान से जीते थे में सोचता कमाल है ये जिंदगी जीने का हुनर और मैने उनसे बहुत कुछ सीखा लेकिन में अपने लेख में गरीब ,मजदूर इन शब्दों का प्रयोग नहीं करना चाहता था की किसी के दिल को अघात पहुंचे इसलिए मैंने उन्हें मुसाफिर कहा क्योंकि इस दुनिया आखिर हम मुसाफिर ही तो फिर चाहे इंसान अमीर हो या गरीब हम सब इस दुनिया में अपना -अपना सफर ही तो पूरा कर रहे है|

कविता - 8. शीर्षक - “हम जहाँ थे वही रह गये”

गर्मीयाँ आती जाती रही शर्दीयां,बरसातें भी खिलखिलाती रही, मौसम बदलते रहे,

और हम जहाँ थे वही रह गये,

दिन-रात, शामों-सुबह, दोपहर,अरे ना जाने कितने पहर, आते जाते रहे,

और हम जहाँ थे वही रह गये,

उम्र गुजरती रही घड़ी के काटों से उलझके, हम इन काटों से लिपटे ही रह गये,

और हम जहाँ थे वही रह गये,

शायद खुद पर यकीन थोड़ा कम किया, गैरों पर भरोसा ज्यादा कर गये,

और हम जहाँ थे वही रह गये,

झूठी कामयाबियां मिली , सच्ची नाकामवियाँ मिली ,हम खुद को बहलाते रह गये,

और हम जहाँ थे वही रह गये,

माना मयूसियाँ मिली जरूर, गम जिंदगी में था भरपूर,

हम आंसू बहाते रह गये,

और हम जहाँ थे वही रह गये,

सोचा लालत है हमारी जवानी को,आग लगा दे पानी को, बदलदे इस कहानी को,

हम सोचते रह गये,

और हम जहाँ थे वही रह गये,

Author - Vikash soni

एहसास - कविता - 8.

हम जहाँ थे वही रह गये यह कविता मैने तब लिखी जब मुझे ऐसा लगने लगा था अब जिंदगी में कुछ कर नहीं पाऊंगा क्योंकि जैसे में खुद को कही फसा हुआ महसूस कर रहा वो ऐसा समय था जैसे मानो में कुछ भी करलूं लेकिन में अब यहां से निकल नहीं पाऊंगा और मेरा दिल कहता था की अगर में यहां से निकल नहीं पाया तो कुछ सही में नहीं कर पाऊंगा फिर मैंने एक बात सुनी जो एक फिल्म में किसी ने हीरो से कही अगर तुम्हें ऐसा लगता है की तुम्हें यहां नहीं कही और होना चाहिए तो वहां चले जाओ लेकिन हीरों ने कहा अगर जा सकता तो चला नहीं जाता फिर उस इंसान ने उससे कहा अगर तुम जहां जाना चाहते हो वहां नहीं जा सकते तो अपना दिमाग उस जगह के बारे में सोच सोच कर मत खराब करो जहां हो वही का मजा लो आखिर यह जगह इतनी खराब नहीं है दोस्त उस दिन मेरा नजरिया बदला और मैने अपनी अंदर की तकलीफ को एक हंसी का रूप देने की कोशिश इस कविता में की है|

कविता - 9. शीर्षक - " अंतर्मन”

गैरों की बात नहीं, तुम क्या अपनी बात करते हो,

क्या अपने अंतर्मन पर, तुम विश्वास करते हो,

तुम विश्वास करते हो तो, क्यों दुनिया से डरते हो,

जब में तेरे अंदर हूँ, तो क्यों किसी और से आश रखते हो,

में तुम को जान गया अब, क्या तुम खुद को जाने हो,

अपनी मर्ज़ी के क्या तुम, सच में, खुद के खुद से मालिक हो,

अपने बीते कल की बाते मुझको, रोज़ कई सुनाते हो,

अपने आने वाले कल की बाते, बड़ी खूब बनाते हो,

ना जाने तुम अपने अंदर, कितने तूफा पाले हो,

गलती करके पछताते हो, क्या कभी मेरी बात तुम माने हो,

फिर भी में तेरा दर्पण हूँ, में तेरा अंतर्मन हूं, तुझे हर रोज़ में बेहलाऊँगा,

जब भी होंगी तेरी आँखें नम, तेरे आंसू पोछ जाऊंगा,

क्योंकि में तेरी सलामती का मंतर हूं, में तो तेरा अंतर्मन हूँ |

Author - Vikash Soni

एहसास - कविता - 9.

अंतर्मन कविता मेरे मन की एक व्यथा है मेरे अंदर की आवाज जो मुझे हमेशा से सुनाई देती है कुछ काम करने पर कोई गलती करने पर में काफी समय से अकेला रह रहा हूं अक्सर मेरे पास कोई बात करने के लिए होता नही है तो में कभी - कभी खुद से बात करने लगता हूं कभी जब निराश होता हूं या कभी दुख में पता नही मेरे अंदर से आवाज सुनाई देती है वो मुझसे जैसे मानो कहती चिंता मत करो सब ठीक हो जाएगा में हूं तुम्हारे साथ मुझे बताओ क्या हुआ में सोचता रहता कोन है वो कही में पागल तो नहीं हो रहा लेकिन ऐसा नहीं वो हमारा अंतर्मन होता हैं, जो हमे हिम्मत देता है मुझ से मेरे दोस्त अक्सर कहते है तुम अकेले कैसे रह लेते हो में उनसे कहता की में खुद को चुटकले सुनकर खुद हंस लेता हूं।

कविता - 10. शीर्षक -"आश "

ना जाने कब से आश लगाए,

इन आँखों कि कोई प्यास बुझाये,

तुमने रात अंधेरी देखी,

मैंने अंधयारे रोज जलाये,

हर दिन सुन्दर माला सा,

बिन बताये कोई फेरे जाये,

श्याम सुन्दर जैसा दृश्य,

ना जाने मन क्यों ना भाये,

प्रेम प्रसंग सब दूर छुट गये,

दोस्त यार भी ना सताये,

मात पिता कि यादें थामें,

कि सर ना कभी उनका झुक जाये,

माना में अपनों का अनमोल नहीं,

लेकिन खोटा सिक्का ये चल जाये,

छोटी सी तो आश है मेरी,

के मेरी मंजिल मुझे दिख जाये,

ना जाने कब से भाग रहा हूँ ,

इन पैरों को भी आराम हों जाये,

अब नींदों में महक ना आती,

मेरे सपनें मुझे जगायें,

ना जाने कब से आश लगाए,

इन आँखों कि कोई प्यास बुझाये |

Author - Vikash Soni

एहसास - कविता - 10.

आश कविता मैने खुद का आत्म विस्वास बड़ाने के लिए लिखी थी में निराश हो रहा था और यह मेरे लिए अच्छा नहीं होता तो मैंने खुद को समझाया के विकाश एक दिन सब कुछ ठीक हो जाएगा एक दिन तुम्हें मंजिल जरूर दिख जायेगी बस तुम्हे रुकना नही तुमने बहुत कुछ झेल लिया अब तुम्हे इस जिंदगी की किसी भी चुनौती डरना नहीं है बस तुम्हें विस्वास रखना है एक दिन सुबह जरूर आएगी मेहनत करते रहो और आगे बढ़ते रहो उम्मीद उंगली थाम कर की आने वाला कल जरूर बेहतर होगा आश जो कभी नही मरती किसी दिल में,हमेशा जिंदा है हर दिल में बस इसी सोच के स्वरूप से आश कविता जन्म हुआ |

कविता - 11. शीर्षक -"पहेली "

एक पहेली, जो बुझाई, बुझ नहीं रही हम से,

उलझी जिंदगी सुलझाई, सुलझ नहीं रही हम से

जहाँन कहता है, जाने दो, रहने दो, तुम,

ये आवाज, ना जाने, सुनाई दे रही है,कब से,

लेकिन हम बैठे है, उलझने लेकर अपनी,

किसे क्या पता कि, ये उलझने, हमने सुलझाई नहीं कब से

सोच रहे है, बाहर निकल जाये हम,

ना जाने रास्ते छिपे है कहा, हमें रास्ता दिखे तो कसम से,

हम उतर गये,गहरे पानी में मगर,

जो सांस भरी है हमने, बस वो थमी रहे हम से

ये कश्मकश , उलझने मेरी सहेली,

ना जाने पूछ रही मुझसे,कैसी पहेली,

एक पहेली, जो बुझाई, बुझ नहीं रही हम से,

उलझी जिंदगी सुलझाई, सुलझ नहीं रही हम से |

Author - Vikash soni

एहसास - कविता - 11.

पहेली कविता मैने तब लिखी जब में जिंदगी में खुद को उलझा हुआ महसूस कर रहा था उस समय मुझे ये पता था की अब मुझे आगे करना क्या हैं मुझे किस रास्ते पर चलना है लेकिन मगर मेरे आसपास के लोग, और मेरा मन जानते थे की जिस रास्ते में जाने की बात कर रहा हूं बड़ा कठिन है तो लोग मुझसे अक्सर कहते थे भाई ये कठिन है तुमसे नहीं होगा और में खुद से कहता ये कठिन सवाल जो जिंदगी ने मुझ से पूछा है की विकाश है हिम्मत इस रास्ते पर चलने की सच बताऊं मेरे रोम से रोम से बस एक आवाज आती थी हां मैं अपने सपने के लिए कही भी जा सकता हूं कुछ भी कर सकता हूं और मुझे कोई नहीं रोक सकता हां शायद अभी नहीं है जिंदगी मेरे पास जवाब उन कठिन सवालों के जो तुमने मुझसे पूछे है लेकिन में एक दिन इन सवालों के जवाब जरूर तलाश कर लूंगा क्योंकि में एक अच्छा स्टूडेंट हूं जो बड़ी जल्दी सब सीख लेता है |

कविता - 12. शीर्षक -" खुद का निर्माण "

में करता खुद का निर्माण कही, हाँ में टुटा हूँ, यह बात सही,

दुनिया ने मेरी बातों को, बिन शिर पैर का जाना था,

मेरे जज़्बातों को, कैसे ठोकर मारा था,

मेरे टुटे मन पर अब, करना कोई आघात कभी,

में करता खुद का निर्माण कही, हाँ में टुटा हूँ, यह बात सही,

क्या मेरे अपनों का भी, छूटा कोई अंगत है,

क्या होली के रंगों में, वो पहले वाली रंगत है,

क्या मेरे बिछड़े यारों, की मेरी जैसी संगत है,

मेरे घर-आँगन की रौनक, अब तक मेरी जन्नत है,

कैसे जोड़ू इन धागों को, इतनी मेरी मन्नत है,

मेरे अश्कों के दीपों ने, फीकी देखी दिवाली,

क्या मेरे अपनों के चेहरों,

पर अब वो पहले जैसी मुस्कान नहीं,

में करता खुद का निर्माण कही, हाँ में टुटा हूँ, यह बात सही |

Author - Vikash soni

एहसास - कविता - 12.

में करता खुद का निर्माण कही कविता मैने तब लिखी थी जब मुझे अपने घर की बड़ी याद आ रही थी मुझे अपना घर छोड़े बहुत समय हो गया था मेरे घर वालों से मेरी ज्यादा बात नहीं हो पाती थी में सोच रहा था क्या लोग मुझे धीरे धीरे भूल रहे होगे मेरे दोस्त कभी मेरा जिक्र करते होगे यार अपना दोस्त कहा होगा अब या मेरे ना रहने से मेरे घर वालों को कोई इस प्रकार की परेशानी तो नहीं आई होगी जिस का सामना सिर्फ में कर सकता था और में उनकी मदद के लिए वहां नहीं था इन सभी बातों के तूफान को लेकर मैने अपने घर वालों ,अपने पुराने दोस्तों , अपने परिजनों को एक संदेश बनाया जो यह कविता बयान कर रही है|

कविता - 13. शीर्षक -"शहीद अभिमन्यु"

जब पाण्डव दल युद्ध में लगा पिछड़ने तब अभिमन्यु अकेला था,

जिसने कौरव सेना को साहस से खदेड़ा था

वो कोई युवान नहीं, अर्जुन का पुत्र और श्री कृष्ण का जेला था,

जिसने गुरु दोर्ण के रचत चक्रव्यूह को माँ कि कोख में खेला था,

माँ कि लगी आँख झपकने तब निन्द्रा में खेल बीच में छोड़ा था ,

चक्रव्यूह के अधूरे लेख, युद्ध भूमि में षड्यंत्र अनेक, अपनी सेना का विध्वंश देख, वो भय से ना भयभीत था,

आँखों मे लहु साने, काका का कहा ना माने, अपने पिता का मान बढ़ाने उसने चक्रव्यूह को तोड़ा था,

अपनी जान रखी हाथ मे तेराह महारथी के सामने,

फिर,अपने तीरों से,उन्हें प्रणाम भी बोला था,

सारे महारथी लगे थरथराने जब उसने धनुष वाण से छोड़ा था ,

पार न पा पाये जब उस बालक से सारे मिल लगे घेरने मगर उसने मैदान ना छोड़ा था ,

धनुष वाण छीन उसे जब माटी में यु रोंदा था,माटी भी महक उठी,जब वो लहू से लथपथ माटी में ओंधा था,

अपनी स्वास को वाण बनाकर टूटे रथ का चक्र उठा कर वो युद्ध करने आतुर था, सारा जग जान गया तब अर्जुन पुत्र बड़ा बहादुर था ,

धर्म युद्ध, में अधर्म देख वो भय से न भयभीत हुआ,

अपने मात -पिता और कुल के गौरव खातिर वो कर्ण के हाथों शहीद हुआ |

Author -Vikash soni

एहसास - कविता - 13.

शहिद अभिमन्यु कविता महाभारत के पात्र अभिमन्यु के जीवन और युद्ध कोशल को ध्यान में रखकर मैने लिखी थी सच में इस वीर युवा बालक की कहानी से बहुत ज्यादा प्रभावित हुआ भारत सच में वीरों की धरती है इस में कई वीर महापुरुषों ने जन्म लिया उनमें से एक अभिमन्यु भी था जिसने महाभारत जैसे महान युद्ध में अपने प्राण का बलिदान देकर उसे अपने नाम किया

में कभी सोचता हूं कोई किसी घर का छोटा बालक जब अपने घर में कोई मुसीबत आती देखता है तो वो अपने घर के बड़ों की तरफ देखता है की वो उस मुसीबत से निपटे लेकिन अभिमन्यु ऐसा नहीं था जब उसने देखा कि आज उसकी जरूरत है उसके परिवार को है वो युवा बालक सामने से लड़ा उसे अपना परिणाम पता था क्या होगा आगे फिर भी वो जरा भी नहीं डरा सच ऐसा साहस इतिहास में हमेशा सदियों तक अमर रहेगा समय के अंत तक , और काव्यों में वीर रस को हमेशा अपने पास रखेगा |

कविता - 14. शीर्षक -"कृष्ण जन्मउत्सव "

कारागार में जन्म लिया, सब दरवाजों को खोल दिया ,

माया भी बड़ी निराली, फिर काहे की पहरेदारी,

बारिश थी घमासान, यमुना का बड़ा उफान,

शेषनाग छत्र बने, यमुना ने भी चरण छुए,

तब यमुना माँ भी शांत हुई, बालगोपाल निकले,

नंद बाबा के घर वो थोड़ी उदास हुई,

रातों-रात वो गोकुल पहुँचे, अपनी थोड़ी आँखें मुचे,

वासुदेव, देवकी ने भी उनकी लीला जानी,

मात - पिता ने अपने पुत्र सारी बातें मानी,

वासुदेव ना अब व्याकुल थे, अपने पुत्र को, सौंप

माँ यशोदा को, उनकी पुत्री लेकर बड़े भावुक थे

माँ यशोदा के पालने में, वो झूम उठे उन्हें माँ मानने में,

सारा त्रिलोक बस उन्हें निहारे, नंद लला के दर्शन पाने ,

सारा आसमान उतरा धरती पर, जैसे उनकी वो खुद नज़र उतारे,

सभी हर्ष उल्लास को थामे, नंद के घर आनंद को पाने,

वो दृश्य बड़ा मनमोहक था, जब पुरे गोकुल में कृष्ण जन्म का जन्मउत्सव था |

Author - Vikash soni

एहसास - कविता - 14.

कृष्ण जन्मउत्सव कविता मैने कृष्ण जन्म अष्टमी के त्यौंहार के एक दिन पहले अपने एक दोस्त कहने पर लिखी थी उसने मुझसे कहा विकाश कल जन्म अष्टमी है कुछ भगवान कृष्ण के बारे में कुछ अच्छा लिखो और हमें कल सुनना मैने उससे कहा हां जरूर, मैने सोचा क्या लिखूं उनके बारे में जिन्होंने सारी दुनिया को संभाल रखा है तो मैंने उनके जन्म का पूरा दृश्य इस कविता में उतार दिया मेरे हिसाब से कृष्ण जन्मउत्सव एक एतिहासिक मधुर घटना है जो ईश्वर की लीला को दिखाती है मैने बस कोशिश की भगवान की लीला को हुबा हु इस कविता में उतारने की आशा करता हूं पाठकों ये कविता पसंद आए |

कविता - 15. शीर्षक -"अच्छे इंसान बनो "

राम नहीं बन सकते, मत बनो मगर रावण,

जैसे भी मत बनो ,

सीता नहीं बन सकते, मत बनो मगर शुर्फनखा,

जैसे भी मत बनो,

कृष्ण नहीं बन सकते, मत बनो मगर कंश,

जैसे भी मत बनो ,

अर्जुन नहीं बन सकते, मत बनो मगर दुर्योधन,

जैसे भी मत बनो ,

श्रवण कुमार नहीं बन सकते, मत बनो मगर अजटशत्रु,

जैसे कुपुत्र भी मत बनो ,

गाँधी नहीं बन सकते, मत बनो मगर जर्नल डायर,

जैसे भी मत बनो ,

फूल नहीं बन सकते, मत बनो मगर काटे ,

जैसे भी मत बनो ,

कलयुग में आये हो तो क्या हुआ मगर कलयुग,

जैसे भी मत बनो ,

इंसान बनकर आये हो इस जहाँन में तो अच्छे इंसान तो बनो ,

जब तुम अच्छे इंसान बन जाओगे, इसे देख परमेश्वर भी ,

खुश हो जायेगा फिर तुम्हें गले वो लगाएगा ,

अपनी आँख खोलकर देखो फिर इस जहांन को तुम्हें ,

ख़ुबसूरत नज़र यह आएगा |

Author - Vikash soni

एहसास - कविता - 15.

अच्छे इंसान बनो कविता मैने अपने भतीजे के लिए लिखी थी में उससे दूर रहता हूं और मेरी कभी उससे ज्यादा बात भी नहीं हो पाती थी तो मैंने इस कविता में एक संदेश उसे देने की कोशिश की है की बेटा ये बात सच है महान इंसान बनना कठिन है लेकिन तुम अगर कठिन मार्ग पर नही चल सकते तो कोई गलत सरल मार्ग नहीं चुनना बस कोशिश करना एक अच्छा इंसान बनने की क्योंकि ये ही इस जीवन में सबसे ज्यादा जरूरी है |

कविता - 16.

शीर्षक -"पिता और माँ "

पिता मेरे जैसे धुप में छाव,

माँ मेरी दूरदर्शनी पहचाने मेरे मन के भाव,

पिता मेरे जब डांट लगावे माँ मेरी तब लाड़ जतावे ,

दुनिया की इस गूथम - गुत्थी में हमको सही मार्ग दिखावे ,

अपने से पहले उठ जावे खाना परोस वो हमें खिलावे ,

दुनिया से वे लड़ जावे, पुत्र प्रेम में जब पड़जावे ,

जब हम कोई भूल कर जावे, हमारे कल की चिंता उन्हें सतावे,

तब वो अपना रोद्र रूप दिखलावे,

हम उनके नत्मस्तक हो जावे ,

फिर वो धीरे से मुझे गले लगावे, मेरी गलती मुझको बतलावे,

वो तो मुझे भगवन रूप मे भावे, अच्छी शिक्षा का पाठ पाढ़वे |

Author - Vikash soni

एहसास - कविता - 16.

पिता और मां कविता मैने अपने मां और पिता के साथ बचपन में बिताए पल को याद करके लिखी थी, अब वो इस दुनिया में नहीं है लेकिन वो मेरे दिल में हमेशा एक अच्छी याद एक नेक सीख बनकर हमेशा जिंदा रहेंगे, मैने अपने माता पिता से बहुत सी अच्छी बाते सीखी, यहां तक आज भी कभी में कही उलझ जाता हूं तो उनकी दी हुई नसीयत मेरे काम आ ही जाती है और कभी कोई ठोकर खाता हूं तो याद आता है की इससे बचने की उन्होंने कितने पहले ही मुझे नसीयत दी थी लेकिन हम आज कल बच्चों का हाल ही कुछ ऐसा है हमे बुजर्गो की सलाह से ज्यादा खुद ठोकर खा कर सीखना पसंद है, लेकिन यह क्या उचित है की जहर का असर देखने के लिए सच में जहर चखा जाए नहीं यह उचित नहीं है |

कविता - 17. शीर्षक -"कर्म "

सूरज कि गर्मी को क्या ग्रहण कम करता है,

अपने किये कर्मों का नफा नुकसान इंसान यही भरता है,

अपने किये कर्मों का सार जब ईश्वर के दरबार में तुम देखोगे,

शायद अपने किये कर्मों के बारे में तुम फिर थोड़ा सोचोगे,

लालच लोभ विलास के पीछे मैने अपना वक़्त ख़राब किया,

मैंने अपने खुद के हाथों से अपना जीवन बर्बाद किया,

क्या होता अगर दया प्रेम ओर भक्ति को में अपना केंद्र बिंदु बना लेता,

मद्द त्याग के मार्ग को में थोड़ा पहले से अपना लेता,

जो झूठी दौलत मैंने सारी उम्र कमाई है ये परमेश्वर को लुभा ना पाई ये कैसी मेरी कमाई है,

निष्काम भाव से किये अच्छे कर्म से कामये सिक्के यहाँ चलते है,

मैने तो बिल्कुल ना जोड़े मैने ये कैसी बिगड़ी बनाई है,

पश्चाताप लिपटा इंसान हरबड़ी में फिर झूठ यह बोला,

हे प्रभु में अपनी कर्मों कि थैली नीचे ही भुला हूँ क्या थोड़ी मोहलत देते तुम, में अभी आकर हर्जाना तुम्हें देता हूँ,

प्रभु बोले हाँ नीचे जाकर मुझको ये सरा जग भुला है क्या में तुमको नहीं जानता तु मेरी कोक में 9 महीने झूला, झूला है,

जा फिर भी तुझे मैने 7 बार माफ किया,

जा नीचे फिर अच्छे कर्म को आधार बना और मेरी बात का थोड़ा तो मान बड़ा,

लोटा भुला इंसान फिर से माया में क्या जकड़ेगा,

या अपने अच्छे कर्म से कमाए सिक्के अपनी थैली में रख लेगा |

Author - Vikash Soni

एहसास - कविता - 17.

कर्म कविता मैने तब लिखी जब मेरे जहन से आवाज आई की विकाश तुम imagine (कल्पना) बहुत अच्छी करते हो तो imagine करो की तुम मर गए हो अब मरने के बाद क्या होगा मैने जो कुछ उस imagine में देखा उस आधार पर मैने इस कविता को रूप दिया |

कविता - 18. शीर्षक -"भेदों के दाता "

भले मनुष्य तुम्हें कहा जाता हो मगर भेदों के तुम दाता हो,

इतने भेद बनाये तुमने, इतने तो भेद नहीं,

क्या इस बात का तुम को थोड़ा खेद नहीं,

कुछ लोगों के दुष्कर्मों पर हम क्यों सब में यूं रावण ढूढ़े,

हर ह्रदय में जब राम बसा है तो क्यों है हम अपनी आँखें मुदें,

तुम अपने इस झूठे जीवन पर इतना क्यों इतराते हो,

यह शरीर माटी का है,तुम इस पर घमण्ड क्यों खाते हो,

फिर तुमने क्यों खुद को ऐसे वर्गो में छाटा जी,

हिन्दू, मुस्लिम, सिख, ईसाई के भागों में खुद को बाटा जी,

क्या तुम्हें पता है, पिछले जन्म कौन अभागे थे तुम,

या आने वाले कल क्या होकर जन्मोंगे,

फिर पल भर के दिन को तुम अपना क्यों बताते हो,

क्या ऐसे ही आपस में तुम नफरत की दिवार बनाते हो,

फिर क्यों अपने से छोटों को तुम इनमें भेद सिखाते हो,

जो सच है ही नहीं उस सच को तुम खुद से ही रचाते हो,

सच तो ये है, इंसानियत एक जाति है, सभी धर्म एक-दूसरे के पर्यायवाची है,

मुझे तो धर्मों की बस यही परिभाषा आती है,

फिर क्यों कुछ ठेकेदारों के बहकावे में तुम आतंकी हो जाते हो,

क्या हुआ 4 दिन मिलजुलकर आपस में प्रेम से तुम रह लोगे जी,

शायद अपने इस रचत सत्य को खुद से झूठ कह दोगे जी,

इसलिए तुम डर जाते बात ना ये समझना चाहते,

मगर उस ईश्वर के कहने पर, तुम को तो यह समझना जी,

कि आने वाली पीढ़ी को भेद ना तुम सिखाना जी,

Author- Vikash soni

एहसास - कविता - 18.

भेदों के दाता कविता मैने अपनी मां की बात को ध्यान में रखकर लिखी है जो उन्होंने मुझे बचपन समझाई थी,उन्होंने मुझे कभी जात पात, ऊंच नीच का गलत पाठ कभी नहीं पढ़ाया, में अपनी बचपन की मानसिकता से भी प्रभावित हुआ,बचपन में जब हम बच्चे रहते है तब हमें ऊंच - नीच, जात-पात , का ज्ञान नहीं रहता तब जीवन बहुत सरल लगता है कोई भेद भाव नहीं लेकिन बड़े होने पर वह मानसिकता कहा चली जाती है कही नहीं हमारी सोच बदल जाती है दुनिया की झूठी बातों से , में तो अभी भी दुनिया को उसी बचपन की सोच को ध्यान में रखकर देखता हूं और देखता रहूंगा क्योंकि इससे इन बनावटी भेदों से बचा रहूंगा , और धन्यवाद करता हूं अपनी मां को ,की उन्होंने मुझे बचपन भेद न बताकर बल्कि सत्य बताया जिससे में कभी इन भेदों में नहीं उलझा और इस कविता में ईश्वर मैने अपनी मां को कहा है |

कविता - 19. शीर्षक -”नेता जी बोस "

जय हिंद के नारों को जब, नेता जी बोस ने हमें सुनाया था,

अंग्रेजी हुकुमत के पहरेदारों को जब,उन्होंने अपने भाषण से धमकाया था ,

भारत कि अधीनता पर जब,उन्होंने अजाद हिन्द फौज का त्रिसूल चलाया था,

तब भारत कि इस पावन धरती पर हमने राष्ट्र ध्वज फहराया था,

जय हिन्द के नारों को जब, नेता जी बोस ने हमें सुनाया था,

दिल्ली चलो कहकर जब,उन्होंने भारत माँ के वीरों से उनका लहु मगाया था,

जब भारत का हर बच्चा उनकी ,इस मांग को जाना था और

उन्हें अपना गुरुर बनाया था,

तब भारत कि इस पावन धरती पर हमने राष्ट्र ध्वज फहराया था,

जय हिन्द के नारों को जब नेता जी बोस ने हमें सुनाया था,

गांधी जी कि लाठी को जब, उन्होंने फिर से जगाया था ,

अंग्रेजी हुकुमत के पहरेदारों जब,उन्होंने उलटे पैर भगाया था,

तब भारत कि इस पावन धरती पर हमने राष्ट्र ध्वज फहराया था |

Author -Vikash soni

एहसास - कविता - 19.

नेता जी बोस कविता मैने भारत के स्वंत्रता सेनानी सुभाषचंद्र बोस जी पर लिखी है मै उनके जीवन में किए भारत की स्वंत्रता के लिए कार्यों और प्रयासो से बहुत ज्यादा प्रभावित हुआ, नेताजी सच में भारत के सबसे सच्चे और अच्छे नेता रहे जिन्होंने भारत की आजादी के लिए विदेश में जाकर जो प्रभावशाली रूप से प्रयास किए वो अतुल्य है , वो भी जब ,उस समय ये हम समझ सकते है कि तब संसाधन और पैसों का अभाव कितना ज्यादा रहा होगा , तब उन्होंने भारत का कुछ हिस्सा 1947 के पहले अंग्रजों से आजाद करा दिया था और राष्ट्रध्वज फहरा दिया था , नेता जी भारत देश के हर नागरिक के हृदय में अनंतकाल तक अमर रहेंगे जय हिंद |

कविता - 20. शीर्षक -"बारिश का पानी "

बारिश का पानी जब पहले सावन में धारा पर बरस जाता है,

तब जंगलों में त्योहारों सा उत्सव नजर आता है,

किसान को लहलाहती फसल का आभास हो जाता है,

एक नन्हा बच्चा उसे अपनी दोस्त बना घर ले आता है,

कोई प्रेमी अपनी प्रेमिका के प्यार में फिर से मचल जाता है,

कोई मायूस अपने दर्द से गमगीन हो जाता है,

कोई शायर फिर अपनी कलम से प्रेरित हो जाता है,

कागज की कस्ती फिर से बनने का मन चाहता है,

बारिस का पानी जब पहले सावन में धारा पर बरस जाता है,

प्रकृति के मधुर संगीत को यूं ही कानों में गुनगुना जाता है |

Author -Vikash soni

एहसास - कविता - 20.

बारिश का पानी कविता मैने तब लिखी थी जब में अपना शहर छोड़कर आया था और एक दूसरे शहर में एक कंपनी मजदूरी का काम कर रहा था तभी सावन की पहली बारिश हुई और मेरे शहर से बाहर आने के बाद मै पहली बार किसी दूसरे शहर की बारिश देख रहा था उस समय में बहुत ज्यादा दुखी रहा करता था वो

जोर दार बारिश देख कर में मुस्कुराया उस समय में सोच रहा था की अगर में अपने शहर में होता तो दोस्तों को फोन करके बोलता चलो यार कही घुमने चलते है कही मस्त पार्टी करेगे में हमेशा बारिश में बाहर जाकर पार्टी करता था अपने दोस्तों के साथ लेकिन आज में अभी यहां मजदूरी का काम कर रहा हूं , में सोच रहा था की साले मेरे कमीने दोस्त कही पार्टी कर रहे होंगे मेरे बिना फिर खयाल आया की मेरे शहर में बारिश नहीं हो रही होगी तो, फिर मन बोला हां मेरे शहर में बारिश नहीं हो भगवान, साले मेरे दोस्त नहीं तो मेरे बिना पार्टी करने निकल जायेंगे यही सोच कर बारिश देखते हुए में मंद हंस रहा था तभी मेरा एक दोस्त जो कंपनी में ही मेरे साथ काम करता था बोला अरे सोनी जी बहुत मुस्कुरा रहे हो बात क्या है तो मैंने कहा नहीं बारिश देख कर एक पुरानी बात याद आ गई वो बोला अच्छा हुआ बारिश हो गई अभी खेत में मेरे यहां बोनी हुई है उसने तुरंत अपने घर फोन लगाकर पूछा वहां बारिश हुई और उसके घरवाले बोले हां यहां भी बारिश हो रही है वो बहुत खुश हुआ फिर मैंने सोचा बारिश एक लेकिन इसे देख सबको अलग अलग एहसास होता है तो में अपने और भी दोस्तों के पास गया उनसे उनके एहसास पूछने लगा सबको अलग अलग एहसास किसी को खुशी किसी को गम किसी को कोई पुरानी याद किसी को नई उम्मीद सबका अलग एहसास तो सभी के मिले जुले एहसास को ध्यान रखकर मैने यह कविता लिखी और सभी दोस्तों को सुनाई सभी दोस्त मेरे बहुत खुश हुए में अक्सर कंपनी में लोगों को अपने लिखे सेर, कविता सुनाकर उनका मनोरंजन करता था और वो बहुत खुश हो जाते खूब तालियां बजाते उन दिनों वो उनके चहरे की मुस्कान,मेरे लिए उनके द्वारा बजाई तालियां मेरे जहन पर मरहम का काम करती और थोड़ी देर के लिए सही में अपने सारे गम भूल जाता था |

कविता - 21. शीर्षक -" वक़्त कि अदालत "

तारीखे बहुत आयी हमारी पेशी कि, कम्बख्त हम वक़्त कि अदालत के मुल्ज़िम जो ठहरे,

खुद से ही खुद को सजा दे रहे हम, जैसे खुद से ही हम किसी जेल में आकर हो ठहरे,

मगर कोई नहीं अब जो मुलाक़ात को, हमारे लिए ठहरे,

शायद अनजाने कोई बड़ा गुनाह हो गया हमसे, तभी तो कोई वकील तक नहीं जो अर्जी लगाकर हमारी पैरवी को ठहरे,

अब हम मुस्कुराकर, बड़ी तहजीफ से सभी से बात करते है,

कि हमारे अच्छे बर्ताव से, कोई तो हमें, यहाँ से वक़्त के पहले रिहा करदे,

ताकि जो ख्वाब,इस चार दीवारी में हमसे यूं बिखरे,

कल फिर पूरा करें, उन्हें हम सवेरे,

हमारा गुनाहा बड़ा है या छोटा, वो तो एक दिन इस वक़्त कि अदालत में साबित हो ही जायेगा,

मगर हम अपने ख्वाबो के लिए कब तक अपनी पैरोल के लिए ठहरे,

तारीखे बहुत आयी हमारी पेशी कि, कम्बख्त हम वक़्त कि अदालत के मुल्ज़िम जो ठहरे |

Author - Vikash soni

एहसास - कविता - 21.

वक़्त कि अदालत कविता मैने तब लिखी जब में अपने शहर से दूर गुमनामी की जिंदगी काट रहा था में खुद को जैसे एक कैद में महसूस कर रहा था और सोचता था की इससे अच्छा में मर ही जाता तो अच्छा होता ऊपर रोज आसमान की तरफ देख कर ईश्वर से कहता क्यों आप ने जिंदा रखा इतनी बड़ी मुसीबत गले बंधी है मेरे ,क्या इस मुसीबत से निपटने का एक हुनर तो मेरे अंदर दिया होता मुझ से सांस भी नहीं ली जाती अब ना खाना खाया जा रहा बस जिए जा रहा हूं पता नहीं क्यों में उस समय में ऐसे दौर से गुजर रहा था की ना ही में किसी अपने को यह बता सकता था की में कहा हूं और न ही किसी से मद्द मांग सकता था क्योंकि मेरी मुसीबत ही इतनी बड़ी थी की कोई चाहकर भी मेरी मद्द नहीं कर सकता था में जिस कंपनी में मजदूरी का काम करता था वहां में उदास उदास गुमसुम एक कोने में बैठा रहता और अपने आप को हर पल कोसता रहता एक बार मेरे दोस्त ने मुझसे पूछा अरे विकाश हमें बताओ क्या है तुम्हे परेशानी में तुम्हे उस परेशानी से बाहर निकाल दूंगा मैने उससे कहा नहीं यार कोई परेशानी नहीं है मेरी सकल ही ऐसी है फिर वो ज्यादा बार बार पूछने लगा तो मैंने उसे खुद के ऊपर लिखा एक दर्द भरा सेर सुना दिया जो मैंने लिखा था वो उसे सुन कर खुश हो गया कहने लगा अच्छा शायर हो तुम अकेले बैठे शायरी लिखते रहते हो , लिखते हो तो सुना भी दिया करो हमें, कम से कम हमारा ही मनोरंजन हो जाया करे इस मजदूरी में हमें भी कुछ राहत महसूस हो जाए उसके वो चहरे की मुस्कान ने कुछ पल के लिए जैसे मानो मेरे दर्द को कम कर रही थी और उसने पूरी कंपनी में हल्ला कर दिया सोनी जी शायर है अब जब खाली समय में बैठे बोले

सोनी जी शायरी हो जाए और मुझे अच्छा लगता तो में कुछ न कुछ रोज लिखता और उन्हें सुनाता अब थोड़ा अच्छा महसूस कर रहा था ये सिलसिला चलता रहा फिर मैने सोचा हां शायद में भी किसी दिन एक बड़ा लेखक बन जाऊं लेकिन ऐसा करने के लिए मुझे इस जगह से बाहर निकलना होगा तब इस कसमक्स में उलझा में जो भी महसूस कर रहा था वो मैने इस कविता में उतार दिया, हां एक और बात ईश्वर ने मुझे मेरा हुनर दिखा दिया जैसे मानो की वो खुद कह रहे हो विकाश you are the fighter because you are the writter. और मैने ये बात सुन ली और आईने के सामने खड़े होकर जोर से चिल्लाकर कहा हां

i am fighter because i am writter. उस दिन के बाद सब बदल गया जैसे मेरे अंदर एक नई ऊर्जा आ गई थी जैसे एक शक्ति आत्मविश्वास का एक ऐसा तूफान मानो अब तो में जैसे खुद हिमालय पर्वत उठा सकता हूं लेकिन ये सब ईश्वर पर मेरी अटूट आस्था की वजह से हुआ क्योंकि में चाहे कितनी भी समस्या में घिरा रहा कितने दुखों से घिरा रहा लेकिन मुझे विश्वास था अपने ईश्वर पर की एक दिन वो मुझे जरूर बाहर निकाल लेगा उन्होंने मुझे जीवन में नया रास्ता दिखाया , धन्यवाद मेरे ईश्वर आपका ये बताने के लिए में कोन हूं और में क्या कर सकता हूं |

कविता - 22. शीर्षक - "लक्ष्य"

गिरते है, संभलते है, हम सिर्फ़ आगे ही बढ़ते है,

अपने लक्ष्य पर हम, गिद्ध जैसी नज़र रखते है,

ना रुकते है, ना थकते है, जब पथ पर हम निकलते है,

आंगरों पर चलते है, हर रोज़ काँटों से गुजरते है,

तुमने थक कर हार है मानी, मैने अपनी ताकत पहचानी,

हमें अंधियारों कि फिकर नहीं, ना पूनम को हम रुकते है,

गिरते है, संभलते है, हम सिर्फ़ आगे ही बढ़ते है,

अपने लक्ष्य पर हम, गिद्ध जैसी नज़र रखते है,

हम अपने मन के दीपक को, अपने आगे रखते है,

दुनिया-दारी कि चिंता, अब हम न ज्यादा करते है,

ना सजते है न संवरते है, बस अपने हुनर से हम निखरते है,

जैसे अम्बर छुना है हमको, इतनी दम से उछलते है,

गिरते है, संभलते है हम सिर्फ़ आगे ही बढ़ते है,

अपने लक्ष्य पर हम गिद्ध, जैसी नज़र रखते है |

Author - Vikash Soni

एहसास - कविता - 22.

लक्ष्य कविता मैने खुद के लिए लिखी थी जैसे में खुद से कह रहा था की विकाश तुमने जो सोचा है वो बिल्कुल आसान नहीं होने वाला तुम्हे बहुत सी परेशानी को पार करना होगा कई अनगिनत चुनौतियां तुम्हारे सामने ऐसे आकर खड़ी हो जायेगी जैसे उनका मकसद जैसे सिर्फ तुम्हें हराना होगा इन सबके बाद तुम्हे शायद अपमान भी सहना पड़े या लोग तुम्हारा मजाक बनाए या तुम्हें लोग पागल समझे इन सभी के बाद तुम्हें जिंदगी सिर्फ एक मोका ही दे अपने लक्ष्य को प्राप्त करने का वो एक मोका उस वक्त अपने पक्ष में कर सकते हो जब तुम्हारी नज़र अपने आने वाले जीवनकाल में एक पल के लिए अपने लक्ष्य से हटी ना हो तब तुम अपने लक्ष्य को प्राप्त कर पाओगे |

कविता - 23. शीर्षक - “ज़िन्दगी की तलाश"

तुम ज़िन्दगी की तलाश, करो तो सही,

तो शायद तुम्हें, वो मिलेगी वही,

अपने दिल की आवाज़, सुनो तो सही,

अपने गमों को,छोड़ो तो वही,

तुम ज़िन्दगी की तलाश, करो तो सही,

तो शायद तुम्हें,वो मिलेगी वही,

तुम अपने घर से, निकलो तो सही,

बाजार खुशियों का, तुम्हें फिर मिलेगा वही,

तुम ज़िन्दगी की तलाश, करो तो सही,

तो शायद तुम्हें, वो मिलेगी वही,

माना टूट गये तुम,कुछ इस कद्र,

अब कोई तुम्हें, समेटा गा नहीं,

फिर भी ज़िन्दगी की तलाश,करो तो सही,

तो शायद तुम्हें,वो मिलेगी वही,

कहा लिखा है की, तुम्हारा अंजाम क्या होगा,

सफर बाकी है तुम्हारा,तुम ऐसे हारों तो नहीं,

तुम ज़िन्दगी की तलाश,करो तो सही,

तो शायद तुम्हें, वो मिलेगी वही,

शायद कोई जानलेवा जहर,पिया तुमने कही,

फिर भी जिन्दा हों तुम, ये सच है की नहीं,

तुम ज़िन्दगी की तलाश,करो तो सही,

तो शायद तुम्हें, वो मिलेगी वही,

तुम ठान लो तो, क्या नहीं कर सकते यहाँ,

एक बार ये खुद से, कहो तो सही,

तुम ज़िन्दगी की तलाश,करो तो सही,

तो शायद तुम्हें, वो मिलेगी वही,

Author - Vikash soni

एहसास - कविता - 23.

जिंदगी की तलाश कविता मैने खुद का उत्साह बड़ाने के लिए लिखी थी क्योंकि में बहुत ज्यादा निराशा से घिरा हुआ था और में तब किसी को भी अपनी परेशानी बता नही सकता था न ही किसी अपने की मद्द ले सकता था न ही में किसी मनोवैज्ञानिक डॉक्टर के पास जा सकता था क्योंकि मेरे पास पैसे नहीं थे ऐसे में मेरी हालत ऐसी थी मानो कोई गहरा जख्म खुद सिलना है नहीं तो में मर जाऊंगा उस वक्त मेरे द्वारा लिखी हर रचना मेरे लिए मरहम का काम कर रही थी उन्ही में से एक है जिंदगी की तलाश इस कविता से मुझे आगे रास्ते तलाश करने की राह मिली |

कविता - 24. शीर्षक - “साया मां का”

मोहे जग पैदल तके है, राहे,

साया माँ का ढूढ़े निगाहें,

तेरी ममता भरी यादें मुझको सतायें,

तेरे बिन जीवन मुझको युँ खाये,

अब इन निदियन को कौन सुलाये,

ममता भरी लोरी कौन सुनाये,

मोहे जग पैदल तके है, राहे,

साया माँ का ढूढ़े निगाहें,

अब मुझे राहे कौन दिखाये,

मेरी गलती पर, अब कौन सुनाये,

क्यों तु मुझसे रूठ गई माँ,

ऐसी कौन सी गलती खास हुई माँ,

मोहे जग पैदल तके है, राहे,

साया माँ का ढूढ़े निगाहें,

अब इस जग से मुझे कौन बजाये,

मुझ पर लाड़ कौन जताये,

तेरे बिन आंसू रुकते नहीं माँ,

अब इनको को कौन चुपाये,

मोहे जग पैदल तके है, राहे

साया माँ का ढूढ़े निगाहें |

Author - Vikash soni

एहसास - कविता - 24.

साया मां का कविता मैने अपनी मां के गुजर जाने के शोक में लिखी थी क्योंकि मैं अपनी मां के बहुत ज्यादा करीब था और मैं उनसे बहुत ज्यादा प्यार करता था और उनके इस दुनिया को छोड़कर जाने के बाद, मुझे हर कदम पर उनकी कमी खल रही थी, यहां तक आज भी खालती है, पता है क्यों , क्योंकि इस दुनिया मैं मुझे मेरी मां के अलावा कोई भी नहीं समझ पाया ,नहीं कोई मेरा चहरा पढ़ पाया उन्होंने मुझे जीवन कई ऐसी नेक बातें समझाई जो दुनिया की किसी किताब में शायद ही कभी मुझे मिलती i miss you maa and i love you ∞ times

नज़्म - प्यार का इक़रार - एक प्यार भरा एहसास

एक बात है तुम्हें बताने को,

क्या मिलेगा थोड़ा वक़्त तुम्हें सताने को,

के तुम्हारी एक मुस्कुराहट पर अपना सब कुछ कुर्बान करने को जी करता है,

के तुम्हें सिर्फ एक दफा देखने को ये मन बिन पानी के मछली सा तड़पता है,

सुना लगता है ये जहाँ जब तुम नज़र नहीं आती,

शायद तुम इस बात को कभी समझपाती,

के ये नदियां, पहाड़, झरने सब तुम्हें देख शर्मा ते है,

ये चंचल हवा के झोंके तुम्हें छु कर मंद- मंद इतराते है,

में दूर बैठा ये हर रोज़ देखा करता हूँ,

मन ही मन में तुमसे थोड़ा नाराज हुआ करता हूँ,

सोचा तुम्हें बता दूं , तुम मेरे लिए कितनी खास हो,

अपनी सादगी पर तुम्हें भी थोड़ा नाज़ हो,

आज मौका मिला मुझे तुम्हें ये बताने को,

क्या इतना काफ़ी तुम्हें अपना प्यार जताने को,

Author- Vikash soni

एहसास - प्यार का इक़रार

प्यार का इकरार रचना मैने तब लिखी जब अपनी एक पुरानी याद को याद करके खुद पर उस घटना के लिए हंस रहा था , तो हुआ यूं था की में अपनी प्रेमिका के साथ बाहर यूं ही घूमने निकला था और हम एक जगह रुक कर एक दूसरे से बात कर रहे थे और उसने मुझ से कहा की विकाश तुम्हारी आंखें बहुत खूबसूरत है जैसे वो बातें करती हो मैने उससे कहा हां ये मेरी आंखें मेरी मां पर गई है और तुम्हें पता है वो मेरी आखों को देख कर बता देती है की मैने कौन सा कांड किया है में अक्सर इन आंखों की वजह से कई बार पकड़ा जा चुका हूं, अपनी मां के द्वारा और उनसे मार भी खा चुका हूं , तो वो हंसने लगी और मुस्कुराकर बोली अच्छा तुम बताओ मुझ में तुम्हे क्या अच्छा लगता है उसके यह पूछते ही 2 मिनिट को जैसे वक्त थम गया हो में बिल्कुल शांत बस उसे देखे जा रहा था और मैं मन में सोच रहा था क्या बोलूं सच में वो बहुत खूबसूरत थी में क्या तारीफ करूं बस ये सोचे जा रहा था उतने वो बोली अच्छा रहने दो अरे मैने कहा अरे रुको सुनो मगर वो बोली रहने दो , सच में उससे उसकी तारीफ में कुछ भी नहीं कह पाया एक शब्द नहीं बोल पाया आज काफी साल बाद भी मुझे जब वो बात याद आती में खुद पर हंसने लगता हूं , जब मैंने लिखना शुरू किया तो मैंने उस पल को याद किया और सोचा उस दिन में उससे क्या कहना चाहता था वो सब इस नज़्म में मैने लिखा इस तरह यह नज्म अपनी सूरत में आई |

नज़्म - हसीन चहरा

एक ख्वाब बनकर, कोई चहरा मेरे समक्ष आया ,

जैसे मानो क़यामत का कोई हसीन मंजर,

मेरे दिल और दीमाग़ पर छाया ,

उसकी आँखे इतनी मोहनी कि जैसे मानो उनकी ,

कैद से शायद ही कोई बच पाया ,

उसकी जुल्फे इतनी घनी जैसे मानो काली रात में,

कोई शांत घना शाया ,

उसकी लबों कि मुस्कुराहट जैसे मानो कोई ख़ुशी का

पैगाम खुदा से हमारे लिए लाया ,

उसके गाल पर तिल जैसे मानो किसी गुलाब पर ,

मंडराता भवरे का साया,

उसका रूप-रंग इतना मनमोहक, जैसे मानो कोई संगमरमर का ताजमहल मेरे समक्ष ले आया ,

जब वो हमारे सामने से गुजरे तो हमें लगा जैसे ,

मानो कोई बसंतऋतु में कली खिलाकर,

शरदऋतु में बहार ले आया |

Author -Vikash soni

एहसास -

हसीन चहरा मेरी कल्पना है मैने कल्पना की मानो प्रकृति सच में कभी कोई खूबसूरत लड़की का रूप लेकर अगर मेरे सामने आ गई तो उस समय मेरे मन में क्या चल रहा होगा बस इन्ही विचारों को आपस में मिलाकर मैने यह नज्म लिखी, वैसे प्रकृति (nature) से मुझे हमेशा प्यार रहा है, मैं जब कही नदियां, पहाड़, झरने, हरियाली देखता हूं तो मेरा मन अपने आप एक शांति महसूस करता है और अंदर से दिल खुशी और आनंद से भर जाता है, ऐसा लगता है देखो ईश्वर ने यह दुनिया कितनी खूबसूरत बनाई है और इस दुनिया को और भी खूबसूरत बनाने में मुझे भी कुछ न कुछ अपना योगदान देना चाहिए |

नज्म - िं

मैंने जिंदगी कि किताब को पढ़ा है करीब से ,

अक्सर यहाँ लोगों कि ख़्वाहिशें अधुरी रह जाती है ,

मैने जिंदगी कि किताब को पढ़ा है करीब से ,

अक्सर यहाँ अपनों कि उम्मीदें हमसे टूट जाती है ,

मैंने जिंदगी कि किताब को पढ़ा है करीब से ,

अक्सर यहाँ दोस्तों कि हमदर्दी कम पड़ जाती है ,

मैंने जिंदगी कि किताब को पढ़ा है करीब से ,

अक्सर यहाँ लोगों कि प्रेम कहानी अधूरी रह जाती है ,

क्या मिला मुझे जिंदगी कि किताब को पढ़के ,

अक्सर मेरी ख़ामोशी टूट जाती है ,

मैंने जिंदगी कि किताब को पढ़ा है करीब से ,

अक्सर यहाँ लोगों कि ख्याहिशें अधुरी रह जाती है |

Author - Vikash soni

एहसास -

जिंदगी की किताब नज़्म मैने अपने दिल को दिलासा देने के लिए लिखी थी की विकाश तुम अकेले नहीं हो जिंदगी से हारकर बैठे हो ना जाने कितने और लोग होंगे जो तुम्हारी तरह अपनी जिंदगी से कही निराश होकर बैठे होंगे तो अपना और उन सभी का जो मेरी तरह जिंदगी से निराश है उन सभी का और अपना भी मलाल बड़ाने के लिए मैने यह नज्म लिखी की यार देखो जिंदगी में कभी न कभी किसी न किसी का कुछ न कुछ पीछे छूटता ही है इसमें निराश होने की कोई बात नहीं और हम इसमें कुछ कर भी नहीं सकते , लेकिन हम क्या कर सकते है , हम कर सकते है आने वाले कल का इंतजार शायद वो बेहतर हो |

नज़्म - ये ज़िंदगी तूही बता

ये जिंदगी तूही बता तुझे में ढूंढू कहा,

मां की गोद, पाप का साया, बस मेरे ही हिस्से से लापता,

ये जिंदगी तूही बता तुझे में ढूंढू कहा,

भाई का प्यार, भाभी का दुलार बस मेरे ही हिस्से से लापता,

ये जिंदगी तूही बता तुझे में ढूंढू कहा,

दोस्तों की दोस्त यारी, रिश्तों की रिश्तेदारी, बस मेरे ही हिस्से से लापता,

ये जिंदगी तूही बता तुझे में ढूंढू कहा,

भतीजे की शरारत, महबूबा की मोहब्बत, बस मेरे ही हिस्से से लापता,

ये जिंदगी तू ही बता तुझे में ढूंढू कहा,

मेरी खुशियों की खुश - खुशाहट, मेरे चहरे की मुस्कुराहट बस मेरे ही हिस्से से लापता,

क्या छोड़ा तूने ज़िंदगी मेरे लिए ,अब तूही बता तुझे में ढूंढू कहा |

Author - Vikash Soni

एहसास -

ये ज़िंदगी तू ही बता नज़्म मैने अपने असली दर्द को महसूस करते हुए लिखी है, ये ऐसी रचना है मेरी जो मैने कभी भी किसी भी महफ़िल में कभी नहीं सुनाई, क्योंकि इसमें दर्द कुछ ज्यादा है, और मेफिलों में अक्सर लोगों को खुशी से बहलाने के हिसाब से पढा जाता है, पहले में इस रचना को किताब में रख नहीं रहा था, लेकिन ये मेरा ऐसा दर्द है, जो मुझे किसी और से बाटना बहुत जरूरी था, क्योंकि सुना है बाटने से दर्द कम हो जाता है इसलिए इसे मैने किताब में सामिल किया क्योंकि मेरा मानना है जो भी किताब पढ़ेगा वो अकेले में ही पढ़ेगा, फिर शायद वो अकेले में मेरा दर्द समझ सके |

नज़्म - “बाप”

तोड़ी तकदीर साथ देदे हमारा,

तो हम भी कुछ कसमें, वादे निभा ले इस ज़माने में,

सारी उम्र गुजर गई पैसा कमाने में,

मुद्दतों बाद तो दो पल चैन के मिले थे हमें,

उसमें भी उम्र गुजर गई, बच्चों कि जिम्मेदारियां निभाने में,

हमने सोचा नेक काम किया हमने,

लेकिन शर्म आ रही है,नायलकों को हमें गैरों के सामने बाप बताने में,

अब हमारी भटी शर्ट और टूटी चप्पल को दोष दे रहे कमबख्त,

अरे बताओ कौन सी कसर छोड़ी इन्होंने तुम्हें स्कूटी दिलाने में,

शायद भूल गये है अपने ख्वाब में वो कि हमारे वो लाल वही,

जिनको हमने ऊँगली पकड़कर चलना सिखाया,

अरे हम एक लौते तुम्हारे बाप वही,

Author - Vikash soni

एहसास -

नज़्म बाप मैने अपने जीवन में एक घटी घटना को ध्यान में रखकर लिखी है , ये उन दिनों की बात है मैं जब अपने शहर में रहा करता था और मैं बस स्टैंड के पास स्थित एक होटल से खाना खा कर बाहर निकल रहा था तभी मैंने देखा एक बुजुर्ग मिया बीबी आराम से सो रहे थे और एक अनजान आदमी उन्हें उठाकर उनसे पैसे मांग रहा था और उन्हें परेशान कर रहा था, वो बेचारे बार बार बोल रहे थे की भाई साहब हमारे पास कोई पैसा नहीं है, तभी मैं उनके पास गया और बोला क्या हूंआ दादा,वो बुजुर्ग वाले बेटा ये अनजान आदमी हमे परेशान कर रहा हमसे पैसे मांग रहा है तभी वो अनजान आदमी मुझ से बोला तुम कोन चल निकल यहां से, मुझे गुस्सा आया तो मैंने दिया रख कर उसमें थप्पड़ वो अनजान आदमी बहुत शराब पिए था तो एक थप्पड़ में जमीन पर गिर गया तभी उतने में बस स्टैंड पर तैनात पुलिस कर्मी भी वही आ गए मैने उन्हे पूरी घटना बताई तब वो अनजान आदमी को गिफ्तार कर तुरंत थाने ले गए, मैं वही रुका मैने दादा से पूछा दादा आप कहा से हो क्या कोई बस है आप की रात मैं तो वो दादा बोले नहीं बेटा हमारा बेटा हमे यहां बैठा के गया है और बोला अभी मैं रिक्शा लेकर आता हूं हम उसका इंतजार कर रहे है, मैने कहा किस तरफ गया आप का बेटा मैं देखता हूं कैसा दिखता है मुझे बताओ, वो मुझसे धीमी आवाज में बोले बेटा तुम नहीं हो परेशान वो नही आयेगा वो हमे सुबह का यहां छोड़ कर गया है तो मैंने उनसे कहा आप मुझे ये बता दो की वो रहता कहा मैं आपको उसके पास पहुंचा देता हूं वो बोले बेटा हमे नही पता तो मैंने कहा उनसे आप घर लोट जाओ वो बोले बेटा मेरे पास पैसा नहीं है गिराए के लिए ,मैने उन से पूछा की

आप यह कैसे कह सकते है की आप का बेटा आप को लेने नहीं आयेगा तो वो बोले बेटा हमारी बहु ने उससे फोन पर ही मना कर दिया हो गा की तुम अपने माता पिता को मेरे घर नहीं लाना तो मेरा बेटा नहीं आया और उसकी इतनी हिम्मत भी फिर नहीं पड़ी होगी की मुझ से यह कह पाए तो वह चुप चाप अपने घर निकल गया होगा मगर शायद उसे पता नही होगा की इस बूढ़े बाप के पास पैसा नहीं है वापस जाने के नहीं तो बेटा वो मुझे किराए के पैसे जरूर देकर जाता मेरा बेटा इतना भी बुरा नही है, उनकी यह बात सुनकर मेरी आंखे नम हो गई, मैने उनसे कहा की आप अपने बेटे का फोन नंबर दीजिए में उसे यह बता दूं के आप के पास पैसे नहीं है और अभी आप बस स्टैंड पर हो लेकिन उनके पास ना पता था नहीं अपने बेटा का फोन नंबर याद था फिर मैंने उनसे कहा दादा में पैसा देता हूं , आप खुशी खुशी अपने गांव चले जाओ सोच ना आपके बेटे ने ही ये पैसे दिए है और कभी भी बिना पैसे के अपने घर से नहीं निकलना मैने उन्हे किराए के पैसे दिए उनको उनकी बस में बैठा कर वहा से अपने घर को निकल गया लेकिन मैं सोचता रहा की उनका बेटा कैसे अपने माता पिता को बीच सड़क छोड़ कर बिना कुछ उनसे कहे चला कैसे गया मैं यकीन नही कर पा रहा था ये दर्द नाक घटना मेरे सामने घट चुकी थी और बेचारे उन बूढ़े मां बाप को कितना बुरा लग रहा होगा जिन्होंने उस बेटे को पालपोस कर बडा किया की बेटा बुढ़ापे में हमारा सहरा बनेगा लेकिन बेटा उन्हें एक अनजान शहर में बीच रास्ते पर अकेला छोड़ कर चला गया |

नज्म - " में सोचता हूँ "

में सब के लिए सोचता हूँ, मगर कोई मेरे लिए नहीं सोचता,

बस इसी बात को में सोचता हूं,

में सबके लिए कुछ ना कुछ खोजता हूँ, मगर कोई मुझे नहीं खोजता,

बस इसी बात को में सोचता हूँ,

ऐसा नहीं के दुनिया दारी, मुझे समझ नहीं आती,

मगर यह दुनिया मेरा, थोड़ा भी साथ नहीं निभाती,

तो में खोजता हूँ,

वो दरवाजा जो मेरे दिल के आस पास कही है,

जिसमें ईश्वर रहता है,

वो रोज़ खुलकर बंद हो जाता है,

जब भी उस तक पहुँचता हूँ,

उस बंद दरवाजे के बाहर खड़ा में खुद को कोसता हूँ,

और हर रोज़ चिल्लाकर उस अंदर बैठे ईश्वर से पूछता हूँ,

कि तुम इस दुनिया में मासूमों को क्यों भेजते हो,

और दुनिया को परवाह नहीं उनकी,

इस बात से उनके जहन को खरोंचते हो,

माना तुम ईश्वर तुमने सबको काबिल बनाया,

लेकिन यहाँ भेजनें से पहले क्या तुमने मुझे समझाया,

अगर समझया था तो मुझे वो क्यों याद नहीं,

में भला हूँ या बुरा मुझे ये क्यों ज्ञात नहीं |

Author - Vikash soni

एहसास -

नज़्म में सोचता हूं, मैने तब लिखी जब में अपने आस पास जो लोग थे जिनको मैं अपना लिखा सुनाता था और जब वो मेरी तारीफ करते थे, तो में उनसे कहता था की मुझे और भी अच्छा लिखना है और इस काम को और ज्यादा अच्छे तरीके से और सालिखे से करना है और इसे करने के लिए मुझे मुंबई शहर जाना है तो वो मेरा मजाक उड़ाते या मेरा आत्मविश्वास गिराते क्योंकि जितना बड़ा सपना मैने देखा था उसकी कल्पना तक किसी के दिमाग में नहीं आती थी तो वो मुझे मूर्ख समझते और मुझे समझाते की मुबई बहुत बड़ा शहर है वहां तुम जैसा आदमी कहा भीड़ में खो जायेगा पता भी नहीं चलेगा तब मुझे ऐसा लगने लगा था की दुनिया मेरा साथ कभी नहीं देगी मुझे जो भी करना है अपने दम पर करना है मैं दुनिया से बस अपने लिए हौसला ही तो मांग रहा था मगर वो भी मुझे दुनिया नहीं दे पाई मगर मुझे हौसला चाहिए था फिर मैने उसे ईश्वर से मागा बस इसी कशमकश की रचना है ये नज़्म |

Song of Fasle Lyrics by Author_Vikash Soni

करते गुजर कर ना सके

खमोश लब कुछ कह ना सके

उनके बिना हम रह ना सके

दर्द जुदाई का सह ना सके

ये फासले.........बेदर्द है,

तुम साथ हों तो क्या हर्ज है

तेरी बातें याद आये

तेरी यादें युँ सताये

हमको जीना सिर्फ़ तेरे संग

क्यों ना ये रिश्ता फिर निभाये

ये फासले.........बेदर्द है,

तुम साथ हों तो क्या हर्ज है

तुम्हें बाहों में भर ना सके

अपना तुम्हें हम कर ना सके

तेरी निदों में आ ना सके

तेरे दिल में रह ना सके

ये फासले.........बेदर्द है,

तुम साथ हों तो क्या हर्ज है

तेरा रास्ता मुड़ के देखुं

तेरा मुखड़ा फिर से चुमु

तेरी आँखों के आँसू

में गिरने से रोकूं

ये फासले.........बेदर्द है,

तुम साथ हों तो क्या हर्ज है

करते गुजर कर ना सके

खमोश लब कुछ कह ना सके

उनके बिना हम रह ना सके

दर्द जुदाई का सह ना सके

ये फासले.........

Author - Vikash Soni

एहसास -

ये गाना मैने अपने दोस्त हरिओम भईया के कहने पर लिखा था , वो कही से कोई AI aap ढूंढ कर लाए थे जो lyrics को music और voice देकर एक गाना बना सकती थी , तब वह बोले विकाश तुम एक गाना लिखो और अपन इस Ai से गाना गवाएगे तब मैंने यह गाना लिखा जब में गाना लिख रहा था तब सोच रहा था की इस कंपनी में मेरे साथ कितने शादी सुदा लोग है जो मेरे अच्छे दोस्त बन गए है और हमेशा मुझे हौसला देते रहते है कभी ऐसा न हो की इनके जीवन साथी से इनकी आपस में लड़ाई हो जाए, या कभी तलाक जैसी नौबत आ जाए फिर यह कैसे अपने जीवन साथी को मनाएंगे , क्योंकि में अकेले रहने का दर्द जानता हूं जिंदगी नर्क सी लगती है तो मैंने उनके लिए यह गाना लिखा के यार कभी भाभी से लड़ाई हो तो यह गाना सुना देना शायद फिर वो छोड़ कर ना जाए लेकिन मैने उन लोगों से कभी कहा नहीं की यह गाना मैने उनके लिए लिखा है मैने सिर्फ उनके लिए एक बेकअप प्लान बना दिया क्योंकि मुझे पता था कि आज नहीं तो कल मुझे यहां से जाना ही होगा तब शायद में उनमें से किसी के संपर्क में भी न रहूं और तब कोई ऐसी दर्द नाक घटना हो जाए तो उनकी थोड़ी मद्द हो जायेगी यार सारे भले इंसान है भगवान ना करे कभी उनके जीवन में इस गाने की जरूरत पड़े हां मनोरंजन के लिए सुनना है तो सुन सकते है ,सभी, मैने गाना youtube पार डाल रखा है |

English Poem -

My father's words - poem

My father used to say it every time,

Time is money, money is time,

But I thought I had a lot of time,

So I ignored these lines.

My father used to say it every time,

Time is money, money is time,

I used to sleep till late morning,

My father got angry with me in the morning.

My father used to say it every time,

Time is money, money is time,

When I didn't finish any work on time,

My father would get angry at that time.

My father repeated this line,

Time is money, money is time,

When my father was no more in this world,

When I failed again in life, I remembered his words.

Then I realized that I don't have much time,

My father used to say it every time,

Time is money, money is time.

Author - Vikash soni

एहसास -

My father's word poem मैने अपने पिता के द्वारा अक्सर दोहराने वाले word पर लिखी थी वो word थे time is money, money is time पता नहीं उन्होंने यह बात कहा सुनी या कहा पढ़ी लेकिन जब भी में अपने बचपन में कोई काम करने में देर करता या किसी काम को टालने का प्रयास करता तो वो हमेशा ये बोलते थे की विकाश time is money, money is time

आज जब वो इस दुनिया में नहीं है तो उनके यह कहे word आज भी मेरे कानों में गूंजते है, क्योंकि मैने अपनी आधी जिंदगी फालतू कामों में बर्बाद की है,लेकिन जैसे मानो उनके कहे word आज भी मुझे सही रास्ते में लाने के लिए प्रेरित कर रहे है , इसलिए मैने इन word पर poem लिखी और खुद को याद कराया की मेरे पिता हमेशा से सही थे |

I am trying, trying - Poem

I am trying, trying — to rise and shine,

Not late, but rolling fine.

I am trying, trying — working like wine,

Not enjoying tipsy, hope you don't mind.

I am trying, trying — don't cry, pain is part of life,

Yet some memories pierce my heart like a knife.

I am trying, trying — reaching for the sky,

But loss teaches what money can't buy.

I am trying, trying — with thoughts so kind,

To find someone, an angel in mind.

I am trying, trying — nobody's rude,

But everybody's in a different mood.

I am trying, trying — faster, fine,

Not to beat the universe's timeline.

I am trying, trying — every time,

Without losing my lifeline.

I am trying, trying — to find the God of wonder,

Some light in my heart tells me to look under.

I am trying, trying — every day,

Chasing my dream in this Milky Way.

Author -Vikash soni

एहसास -

I am trying, trying poem मैने अपने आप से दोहराने word पर लिखी है, क्योंकि में कभी भी हार मानने में विस्वास नही करता हूं मैं विस्वास करता हूं के जब तक आप जीत ना जाओ तब तक कोशिश करते रहो बार - बार, लगातार जब तक आप सफल ना हो जाओ क्योंकि दुनिया आपको सम्मान आपकी सफलता पर ही देगी और जब एक बार सफल हो जाओ फिर ये फर्क नहीं पड़ता के आप ने कोशिश कितनी बार की और हां जितनी बार आप हारते है तो यह उतना ही अनुभव देता है जो आप को और भी ज्यादा मजबूत और बेहतर बनाता जाता है तो हार से डरे नहीं कोशिश करते रहे बार बार लगातार और खुद से कहते रहे I am trying, trying

My Life, My Rules -Poem

You think that my life, my rules —

so you're the big bloody fool.

You think that life’s a laughter,

but your rules make it a disaster.

You think the world calls you cool,

but to the world, you’re just a bloody fool.

But if you follow the rules of God, teachers, and parents every hour,

your life will bloom beautifully — just like a Lotus flower.

Author- Vikash soni

एहसास -

my life, my rules poem मैने लिखी थी जो में एक बात अक्सर खुद से कहता रहता था की my life my rules , इसका असर ये हुआ की मैने अपनी जिंदगी में कई गलत फैसले लिए अपने माता पिता अपने शिक्षकों की बात को अनदेखा करता रहा और अपनी जिंदगी में बुरी तरह से हार गया और लगभग बर्बाद हो चुका था तब मुझे एक बात समझ आई के my life, my rules जैसा कोई भी rule होता ही नहीं है आप जिंदगी में चाहे कितने ही बुद्धिमान समझदार क्यों न हो लेकिन बिना अनुभव के आप को अपनी जिंदगी का गुड़ का गोबर ही करना है लेकिन जिंदगी के अच्छे rule आप अपने माता पिता , शिक्षकों , या कोई धर्मग्रंथ आप जिस भी धर्म में आस्था रखते है उनसे ले सकते है क्योंकि उनमें आपको एक तत्व जरूर मिलेगा जिसे हम अनुभव कहते है और यह किसी बाजार में नहीं मिलता ये उनके पास ही होता है जिन्होंने आप ज्यादा दुनिया देखी हो मैंने ये poem इसलिए लिखी है कोई मेरी तरह इस झूठे rule में फस कर अपनी जिंदगी तबाह ना करले आगे आपकी मर्जी अब मेरा नया rule है my life but follow the god rule इस rule से अब मेरी जिंदगी थोड़ी थोड़ी रास्ते पर वापस आ रही है |

किस्सा आशिक़ी और जिंदगी का - "शायरी"

1. वो देर से सही मगर महफ़िल मे आये तो सही ,
नज़रो के तीर दिल पर चलाये तो सही ,
हमारी नज़रो ने बड़े लहजे से उनका इस्तक़बाल किया ,
इसी बहाने वो नजरों से नजरें मिलाकर मुस्कुराये तो सही|

Author -Vikash soni

2. हम भी कभी अकेले में उनकी यादों को याद करके
मुस्कुरा दिया करते है ,
फिर भले ही रात मे रजाई के भीतर समंदर जितना आँसू
बहा दिया करते है ,
लोग हमसे कहते है कि क्या मिला तुम्हे मोहब्बत करके ,
और, फिर हम भी उन्हें अपनी अधुरी प्रेम कहानी का
किस्सा सुना दिया करते है |

Author - Vikash soni

3. में अकेला तन्हा इंसान मुसीबतों का पिटारा,

पता नहीं उस खुदा ने मुझे किस हंटर से मारा,

में हूँ वो मुसाफिर जो वक़्त ओर हालत से हारा,

जो कभी हुआ करता था अपने माँ -बाप की,

आँखो का तारा |

Author - Vikash soni

4. में कवि हूँ, और वो मेरी कविता है,

उसके बिना मेरा ये जीवन अधूरा है,

कोई जाकर समझाये उसे, कि उसके बिना में अधूरा,

और मेरे बिना वो अधुरी रह जाएगी क्योंकि,

में कवि हूँ, और वो मेरी कविता है |

Author - Vikash soni

5. हे खुदा, उस पर थोड़ा और रहम कर दे,

अभी चार दिन तो हुए, उसे अपने घर से

डोली में बैठ रुख्शत हुए,

में जानता हूँ तु नराज़ है उस बेबफा से,

मगर में फिर भी चाहता हूँ, तु मेरी सारी

जिंदगी उसके नाम करदे,

हे खुदा उस पर थोड़ा और रहम कर दे |

Author - Vikash soni

6. भटकता मन, दिल हमारा जुआरी ,

हासिनों कि महफ़िल में हम अकेले प्रेम पुजारी ,

कमबख्त एक दिल, हम तो सभी पर कुर्बान कर देते ,

मगर, तभी सामने से आ गई भाभी तुम्हारी |

Author - Vikash soni

7. शाम कि धुंधली यादों में, मैने हर रोज जालया है,खुद को,

जल्दी सवेरा होगा,ये समझा कर,हर रोज सुलाया,खुद को |

Author - Vikash soni

8. में तड़पता रहा, झटपटाता रहा, अपनी तन्हाईयों में

गुमशुदा सा रहा,

अक्सर मेरी मायूसी की वजह पूछ लेते है,लोग मुझसे,

मैने उनसे कहा कि,

जिस गली से में आया हूँ, उस गली कि बड़ी याद आती है,

कब लोटूंगा उस गली में वापस, बस यही सोचकर

आँख मेरी भर आती है |

Author- Vikash soni

9. हम समझते है, उनका दर्द जिन्होंने कभी दर्द भी न देखा हो,

हम समझते है, उनका दर्द जिन्होंने कभी नींद में किसी

हसीना का ख्वाब भी न देखा हो,

जिन्दा तो बस वो ही है, इस जहाँन में, जिन्होंने हमें कभी

गुमराह किया इस ज़माने में,

कोई समझें हमारा भी दर्द, जिसने खुद को जैसे कई

बार मरते हुऐ देखा हो |

Author -Vikash soni

10. लोग कहते है कि, सोने का दिल है मेरा ,

अगर सोने का है, तो बिकता क्यूँ नहीं,

इसे बेचना मेरी जरुरत है,

हालत तंग है मेरे आजकल,

और मुझे पैसों कि सक़्त जरूरत है |

Author- Vikash soni

11. जब तक सांस है, तब तक आस है,

मेरी तो इस वक़्त से बस यही दरख़ास है,

ये मुकद्दर बारिस कि तरह, अब बरस जा मेरे नसीब पर ,

अब मुझे, मेरी कामयाबी कि बड़ी प्यास है |

Author- Vikash soni

12. अभी हमारा सफर बाकी है,

जिंदगी के कुछ इंतहान हमें देना बाकी है,

ये तो मुट्ठी भर, सितारे आये इन हाथों में मेरे,

अभी तो पूरा आसमान झुकाना बाकी है |

Author- Vikash soni

13. हमने ता उम्र बस खुद कहा माना,

खुद को खुदी से खुद का खुदा माना,

हमें क्या पता था, किस गली होगी खुद से खुद कि,

मुलाक़ात कभी,

जब मुलाक़ात हुई, तब खुद को उस ऊपर वाले खुदा

का गुलाम जाना

Author - Vikash soni

14. हमने पैसा कमाने का सोचा, हमारे हालत सारे मुकर गये,

पैसा देने वाले सारे, पैसा वापस लेने पर उतर गये,

कमबख्त ऐसा जुलुश,हम तो जुलुश देखकर डर गये,

उनसे बचने के लिए, हम भी पतली गली से गुजर गये |

Author- Vikash soni

15. युँ मोहब्बत से न देखो सनम, हम आशिक़ है, पिघल जाएंगे,

वे फिकर तुम्हारे प्यार में फिसल जाएंगे,

अगर तुम्हें विस्वास नहीं तो,

सामने दरिया है,तुम कह कर देखो, हम कूद जाएंगे |

Author- Vikash soni

16. वो अपनी अदाएं दिखाकर युही हँसते है,

फिर क्युँ आशिक़, उनकी निगाहों के जादू में फसते है,

हमने सोचा कमाल है ये जादू हम इसे दूर से ही समझते है,

लेकिन हमें खबर ही नहीं थी, कि दूर से देखने वाले ही,

उनके जादू में सबसे पहले फसते है |

Author- Vikash soni

17. नजरों से घायल कर, वो इतने मासूम नज़र आते है,

दिल का कत्ल कर, वो साफ मुकर जाते है,

कोई पूछ ले उनसे उनका जुर्म तो युही शर्माते है,

उनकी इसी अदा पर,ना जाने कितने दीवाने,अपनी जान लुटाते है

Author- Vikash soni

18. अरे सुनो, तुमने ये सुना है,

वो मेरी और में उसका, ये मैंने पुरे जहाँ में कहा है,

मगर वो बोली पल भर की दोस्ती,

ज़िन्दगी भर का साथ,

मेरे पिता कभी नहीं देंगे तुम्हें अपनी बेटी का हाथ |

Author - Vikash soni

19. प्यार के मौसम में,चाँद बादल के,

आगोश में आ जाता है,

कोई महबूब अपनी, महबूबा की रुह में समा जाता है,

अक्सर दर्द उन्हीं के हिस्से में आता है ,

जो इस एहसास को कभी नहीं भूला पाता है |

Author - Vikash soni

20. एक प्यार का धागा जो, हम से टूट गया,

उससे बिछड़के, मानो मेरा सितारा डूब गया,

ना जाने कैसे पुकारे, अब हम, उस हमसफर को,

एक ही यार था मेरा, वो भी हम से रूठ गया |

Author - Vikash soni

21. हम जीरागों कि तरह शान से जल जाते है,

हम अपना हुनर खुद पर ही आजमाते है,

अरे इन हवाओं से कह दो,कि जलने दे हमें शान से,

क्योंकि हम खुद को जलाकर,

अब किसी ओर का अंधेरा दूर करना चाहते है |

Author -Vikash soni

22. याद है मुझे,वो रात जो मुझे कयामत का दर्द दे गई,

मेरे सर से छत तूफ़ा के समान ले गई,

मेरी रुह तक काँप जाती है, जब वो रात याद आती है,

जो मेरे पिता को, मुझे, उन से बात करें बिना ले गई |

Author- Vikash soni

23. जांगबाज हो तुम अगर, तो क्या एक बार इश्क़

के दरबार में आओगे,

वहाँ आकर, सच्चा इश्क़ हो गया तुम्हें अगर,

तो मुझे यकिन है , तुम वहाँ खुद वा खुद हमें

फरियादियों कि कतार में खड़े नज़र आओगे |

Author - Vikash soni

24. दिल फेक दिया मेरा, क्या अब जान लो गी,

हाँ लगता है शायद, बस, यही अनहोनी अब,

मेरे साथ होगी |

Author - Vikash soni

25. हमारी दास्तान सुन, आसमान भी रो पड़ा,

हमारा जुर्म सुन,खुद की चुप्पी तोड़ पड़ा,

हमने ने हरकदम बस,मयूशियां देखी इस ज़माने में,

ये सुनकर वो खुद, हमारे नशीब के हाथ जोड़ पड़ा |

Author - Vikash soni

26. शाम में सजे रंगीन ख्वाब अक्सर, झूठ होते है,

पत्थारों पर लिखे प्यार के नाम, अक्सर झूठ होते है,

सच तो ये है, कि अक्सर प्यार अधूरा रह जाता इस

जहांन में लोगों का,

वरना कहा हम जैसे शायर, इस जहांन से रुवरु होते है|

Author -Vikash soni

27. इतनी भी आसान नहीं है, जिंदगी गालिफ,

कि जिंदगी के हर एक मिनट में होते है, 60 सेकेण्ड,

और हर एक सेकेण्ड में, हजारों बार रुलाती है,

जिंदगी |

Author -Vikash soni

28. बात हुई ही थी कहा उनसे, हमारी के ये पूरी कायनात
जैसे चुप हो गई,
कि हमने बरसों से सिर्फ, उनके लिए संभाल रखा ये
दिल, ये सुनकर वो भी चुप हो गई |

Author -Vikash soni

29. शहनाईयाँ आवाज देती है, किसी मोहब्बत के
न मुक़म्मल होने कि, क्योंकि
अक्सर मोहब्बत मुक़म्मल होती है, बिना शहनाइयों
के आवाजों कि,
भला उस अधूरे प्यार का अफसाना क्या होगा,
मेरे यार को लूट लिया,जिस घड़ी किसी ओर ने,
वो दोहज़्त का नज़ारा क्या होगा |

Author -Vikash soni

30. हासिनों कि चाहत पर,एतबार मत करना मेरे दोस्त,

वो अक्सर तन्हाइयों में ही साथ निभाएगी तुम्हारा,

तुम बेपरवाह होकर कर तो लोगे उनसे मोहब्बत,

मगर वो चार कदम भी साथ न निभा पायेगी तुम्हारा |

Author -Vikash soni

31. हम जिस गली से गुजरे वो हमारी खास हो गई,

जो नज़र हम पर पड़ी वो हमारी दुआ सार हो गई,

युँ तो ठोकर देखी है हमने कई,

लेकिन जो ठोकर हमें लगी, वो खुद शर्मसार हो गई |

Author - Vikash soni

32. बता जिंदगी, वो किताब का पन्ना कहा है,

जिसमें मेरा इंसाफ लिखा है,

सिर्फ नुकसान दिखाया तुने,

बता मेरा भायदा कहा है |

Author - Vikash soni

33. ऐसे ना छेड़ कुदरत को,ये नदान इंसान ,
अगर कही वो बिगड़ गई,तो ना जाने तुम्हारी,
कितनी पुस्तें तबाह कर देगी |

Author - Vikash soni

34. अब मेरे पास बचा ही क्या, जिसे हम बचा लेंगे,
हमारी खता ही क्या,जिसे हम छुपा लेंगे,
हम हारे भी तो, इश्क के खेल में,
उसमें हमें मिला ही क्या, जिसे हम लुटा देंगे |

Author- Vikash soni

35. सवाल वहाँ करो,जहाँ जवाब देने वाला हो,
फरियाद वहाँ करो, जहाँ सुनने वाला हो,
ये अंधों की नगरी है जनाब,
तुम खमखा यहाँ दीये जलाये जा रहे हो,
रोशनी वहा करो,जहाँ उसे देखने वाला तो हो |

Author - Vikash Soni

36. क्या तुम कभी अपनी मर्जी के लिए बर्बाद हुये हो,

हमने तो अपनी मर्जी से मौत मांगी थी,

मगर खुदा भी उसका मुरीद निकला हमें तब पता चला,

जब हमने गले में रस्सी टांगी थी |

Author - Vikash soni

37. उन्हें बस इतना मलाल है की,

हमें सिर्फ़ उनका ख्याल है,

चाहने वाले बहुत है क्या उनके,

हमारा उनसे बस इतना सवाल है |

Author - Vikash soni

38. जिनके दिल पर कोई बात लगे,

उनका दिल कही नहीं लगता,

बात है ये सच्ची में खामखा नहीं बकता,

अगर कोई शिकवा, गिला या कोई शिकायत है तुम्हें,

तो कोई और ढूढ़ लो,

वैसे भी हमारे ऊपर,ये मेंहदी और सेहरा का रंग नहीं जंचता

Author - Vikash Soni

39. हमें आदत है कुछ पुराना याद करके नया बनाने की,

खुद की सादगी को अपना हुनर बताने की,

मगर नसीहत कई मिली हमें इस ज़माने से,

लेकिन क्या करें,

हमें आदत है बिछड़े महबूब को निदों में बुलाने की |

Author - Vikash Soni

40. भला क्या कसूर हमारी मासूमियत का,

बस हमने कहा नहीं माना बुजर्गों की नसीहत का,

एक दूर जली आग हमें भली लग रही थी ,

इसमें,

भला क्या कसूर हमारी नन्ही उंगलियों का |

Author - Vikash Soni

41. ना मोहलत ना कोई इनाम है,

बस हमारे हाथों में छलकता ये जाम है,

इतनी शिद्दत से की हमने मोहब्बत उनसे,

फिर भी हमारे हाथों उनका ठुकराया पैगाम है |

Author - Vikash Soni

42. मेरा मन कभी बचपन है कभी जवानों में है,

कभी नये में, कभी पुरानो में है,

अरे अब क्या बताऊँ तुम्हें,

इसकी दिल लगी का में यारों,

ये अब तक झूठे महबूब के बहानों में है |

Author - Vikash soni

43. सुन ज़िन्दगी, मैंने देखा है मौत बड़ी हसीन है,

तभी तो उसके सामने आते ही हर कोई,

अपना प्यार, यार,घर वार, परिवार सब भूल कर,

उसकी आगोश में समा जाता है,

उसने मुझे भी एक बार धोखे से अपने पास बुलाया,

मगर उसे खबर नहीं थी कि हमें कहा कभी किसी से

पहली नज़र में इश्क़ हो पाया |

Author - Vikash soni

44. में बद मस्त अपने दर्द में, मुस्कुराकर जी रहा हूँ,

तुम मत करो अफसोश के, में यह जहर पी रहा हूं,

भले ही में, तुम्हारे लिए,बेगाना गुमनाम पागल आदमी सही,

मगर यकीन करो, तुम्हें भी यह ज़िन्दगी दोबारा मिलेगी नहीं |

Author - Vikash soni

45. वो मासूमें मज़र, बड़े खास होते है,

जब हमारे सर पर, बुजुर्गों के हाथ होते है,

क्या बचपन,क्या जवानी,कैसी उलझी कहानी,

नजाने अकेले जहन में, कितने सवाल होते है|

Author -Vikash soni

46. उस खुदा ने, मुझे, बस इतने रहमों कर्म से नवाज़ा है,

के मेरी ज़िन्दगी, हर किसी के लिए तमाशा है,

ये अल्फाज लिखे नहीं है, कुरदे गये है कागज पर,

अब तुम्हीं देखलो,

मैने अपना सच,कितने सालिखें से कागज पर उतारा है |

Author -Vikash soni

47. अब क्या दास्तान सुनाऊ, तुम्हें में, अपनी हकीकत की,

के, की थी,मोहब्बत मैंने ऊँची हैसियत की,

फिर मेरा हर ख्वाब टूट कर बिखर गया यारों,

उसके बाद किसी ने खबर भी ना ली मेरी खैरियत की |

Author - Vikash soni

48. बस इतनी सुकूनियत है मेरी,

के रुह में उतर गया हूँ तेरी,

जब भी हिजकियों से,

गला सुख जाये तुम्हारा,

तो समझ लेना के,

तुझे याद कर रहा ये वेरी |

Author -Vikash soni

49. मैंने तुझे चाहा इस क़दर,

के भटक रहा हूँ दर- बदर,

तेरी महक आज भी,

मेरे तन से आती है,

तू रूह में समाई इस क़दर |

Author - Vikash Soni

50. पाक सा रिश्ता है, पाक रहने दो,

प्यार का रिश्ता है, ज़रा साफ रहने दो,

और हम भला क्यों छेड़े, अपनी तन्हाइयों में उन्हें,

ख्वाब का रिश्ता है, ख्वाब रहने दो |

Author- Vikash Soni

51. अगर हम आपको नहीं जानते,

तो इस जहाँ को जहाँन नहीं मानते,

आप बैठे है , ऐसे हसीन ख्वाब बनकर हमारे सामने,

हम इस हकीकत को, हकीकत नहीं मानते |

Author- Vikash Soni

52. ख्वाब याद है, या में ले आऊं,

यादें साथ है, या में छोड़ जाऊं,

हमारी फ़िक्र मत करो, हम जी लेगे, तुम्हारी यादों

के साहारे त उम्र,

मगर, खुदाई याद है तुम्हें, या भी भूल जाऊं |

Author Vikash soni

53. वो अंजानी रहो से नजाने,

कहा दिल के रास्ते गुजर जाते है,

जब भी आँखे बंद करते है,

उन्हें अपने सामने ही पाते है |

Author - Vikash soni

54. में पैसा कमाता हूँ मगर ना जाने कहा समा जाता,

ना दिल के, ना दीवान के, ना घर खानदान, किसी

के भी काम ना आ पाता,

मुद्दतों बाद निकला हूँ बाजार में दो पल सुकुन के खरीदने,

मगर जेब खाली है मेरी, ये सब को बताया इस गरीब ने |

Author - Vikash soni

55. सोने की चिड़िया को कुछ गिद्ध नोच कर बैठे है,

हम लोग तब से अपनी हाथ की हथेली मलकर बैठे है,

और कौन सा त्यौहार,कौन सी ईद, कौन सी दिवाली,

कौन सी बैशाखी,कौन सा किरस्मस, तुम साथ मिलकर मानते हो,

बस इसी बात का भायदा उठाने, कुछ गैर सामने बैठे है |

Author - Vikash soni

56. क्या बात है इस कायनात की,

हमें तोफे मिली सौगात झूठे यार की,

मोहब्बत हम दोनों ने बेइंतहा की एक दूसरे से, मगर,

शादी की बात आई तो वो निकली बेटी ऊंची जात की |

Author - Vikash soni

57. अरे रोशन हो गया क्या,

मोहब्बत से तुम्हरा घर,

या तुमने भी मेरी तरह,

खंडरों से मोहब्बत कर ली |

Author - Vikash soni

58. सुना है बंद घड़ी दिन में दो दफा सही वक़्त दिखाती है,

मगर हम देख नहीं पाते,

कमबख्त मेरे महबूब की याद मुझे इतना सताती है,

फिर भी वो जगाती है सुलाती है,

इतनी नज़ाकत से वो अपना फ़र्ज निभाती है|

Author - Vikash soni

59.बहारे जन्नत जरा तुम देख लो,

नजाने कब तुम्हारे नसीब में फिर वो आएगी,

वैसे तो जिंदगी कुर्बत है तुम्हारी,

नजाने कब वो तुम्हें इतनी फुर्सत दिखाएगी |

Author - Vikash soni

60. दुनिया तो कहती हमें बेकार,

क्या समझा तुमने भी हमें बेकार,

लेकिन हमने तुम्हें माना सरकार,

सच बताऊं,

यही था हमारे जमीर पर सबसे बड़ा थिक्कार |

Author - Vikash soni

61. गहरे पानी को छेड़ रहे हो,

क्या डूबने का इरादा है,

अगर डूबना ही है तो,

इश्क़ करलो किसी हसीना से,

बराबर तड़पो गे ये मेरा वादा है |

Author - Vikash soni

62. एक से भले दो, दो से भले तीन,

और सब मिलकर बजा रहे हो बीन,

अरे किसी दीन के न बचोगे,

तुम करलो यकीन,

सामने से निकल जायेगी नागिन,

तुम्हारा चैन और सुकुन छीन |

Author - Vikash soni

63. खुद कि हस्ती मिटाकर नई हस्ती बनाना चाहता हूं,

नफ़रत कि दीवार मिटाकर प्यार कि,

नई बस्ती बसाना चाहता हूँ,

ओर लोग हिम्मत वाला नहीं बल्कि पागल समझते है मुझे,

सिर्फ़ इसी लिए कि में,

घने तूफान में नई कस्ती बनाना चाहता हूँ |

Author - Vikash soni

64. कुछ हाथों की लकीरों पर रज गया मेंहदी का रंग गहरा,

कुछ मासूमों की ज़िन्दगी पर लग गया गैरों का पहरा,

वरना वो भी इस गुलस्तान में अपने ख्वाबों का फूल खिला लेते,

जिन्हे कुछ समझदार लोग समझने गये फिर समझा उन्हें बहरा |

Author - Vikash soni

65. कमबख्त ये बहारे इश्क़,

कही दोहज़्त में ना लेजाए हमें,

इसलिए महरबान ज़िन्दगी के दो पल,

हमें अभी मुस्कुराकर जी लेने दो |

Author - Vikash Soni

66. में मस्त हवा का झोखा हूँ

बिना बात के ही महक जाता हूँ,

जरा इत्मीनान से सुन लो

दो चार मेरे भी मोहब्बत के किस्से,

तुम्हारा जाता क्या है,

बस जरा सी तालियों की आवाज़ से

तो में बहल जाता हूँ | Author - Vikash soni

67. हर पल हर लम्हा क्या तुमने मर्जी से जिया है,

दुनिया ने रखा जो ये विष का प्याला,

क्या तुमने भी पिया है,

क्या रिश्तों की पतंग जज़्बात के माझे से,

तुमने उड़ाई थी कभी,

उस माझे से लगे जख्मो को तुमने खुद से सिया कभी |

Author - Vikash soni

68. इतना भी ना ठगो हमें,

इस वक़्त ने हमें कई बार ठगा है,

यहाँ हर कोई पराया है, कोई नहीं किसी का सगा है,

और इतनी मीठी यादों में ना बधों हमें,

हमने इससे भी मीठी यादों का कड़वा घुट,

कई बार पिया है |

Author - Vikash Soni

69. हम कब कहे की तुम बेईमान हुए,

अरे शर्मिंदा तो हम हुए तुम्हें बिना छुएं,

तुम कह रहे खट्टा खाने का दिल कर रहा मेरा,

अभी चार दिन भी नहीं गुजरे हमारी सगाई हुए |

Author - Vikash Soni

70. ये मेरे गबरू जवानों, बूढ़े पुरानो,

बाबा आदम के खाजनों, जरा ये सच जानो,

अगर भूलकर भी कोई खता हो गई,

तुम्हारी अपने दिलवर के साथ,

तो त उम्र माभी मांगते रहोगे, ये मेरे भोले नादानों |

Author - Vikash Soni

71. ज़िन्दगी एक जुआ है और यह जुआ,

यहाँ किस का कभी हुआ है,

लेकिन ज़िन्दगी मेरी हर सांस ने तुझे छुआ है,

ये ज़िन्दगी इस आखरी बाजी में

थोड़ा सा साथ देदे मेरा,

बस मेरी तुझ से इतनी दुआ है |

Author - Vikash Soni

72. अभी सिर्फ चिंगारी देखी है, तुमने, इस सीने में,

जरा आग तो लगने दो,

अभी सिर्फ राख देखी है, तुमने, इस सीरत में,

जरा आँच तो लगने दो,

तुम देख लेना इस बार शोर इतना होगा,

मेरे तमाशे का,

आज की इस कली रात गुजरने के बाद,

जरा कल कि भोर तो होने दो |

Author - Vikash Soni

73. दिल कहे अब कही और जाकर लग जा,

कुछ पढ़ाई लिखाई में कुछ किताबों में लग जा,

मगर उसके इश्क़ ने हमें निकम्मा कर दिया

कुछ इस कद्र, अब तो लगता है,

जा बेटा सामने दरिया है, उसमें कूद के मर जा |

Author - Vikash soni

74. तुम्हारी ही गुजारिश थी तो इस दिल कि नुमाइश हुई,

वरना जिस्म तो इस बाजार में कोड़ियों के भाव मिलते है,

और हमारा दिल ठुराकर उसे अपना गुरुर बताते हो,

शायद तुम्हें मालूम नहीं,

के हम जैसे आशिक़ बड़ी मुश्किल से मिलते है |

Author - Vikash soni

75. काश उसने जाते वक़्त अलविदा कहा होता,

तो आज हमारा हाल भी जुदा होता,

अब भी इन हवाओं में उसकी यादों कि महक आती है,

काश जाते वक़्त इन हवाओं को भी उसने अपने पास बुला लिया होता |

Author - Vikash soni

76. ये दूरिया कमसर्ब, कही मार ना डाले हमें,

ये घड़ी के काटे, कही बाट ना डाले हमें,

इस दिल की पतंग क्या,

ना जाने किस ओर हवा में बह जाये,

ये हवा तुमसे कही दूर ना पहुंचा दे हमें |

Author - Vikash soni

77. भले होगा तुम्हारा गुरुर मेहेंगा,

हमारा स्वभाव बिल्कुल पानी जैसा,

और तो और यहाँ बात जमीन कि

नहीं जहन कि हो रही,

भला कौन रोकेगा हमें,

हमारा मिजाज़ ही कुछ ऐसा |

Author - Vikash soni

78. तुम्हारी हर बात एक बहाना है,

वजह क्या है कि तुम्हें हमसे दूर जाना है,

अब चुप बैठे हो कुछ बोल नहीं रहे,

क्या जरुरी है तुम्हें हर बात में हमें सताना है|

Author - Vikash soni

79. के तुम्हारे नाम कि मेहंदी हाथों में रचानी है,

चुटकी भर सिंदूर कि रौनक माथे पर सजानी है,

सात फेरों कि कसमें शिद्दत से निभानी है,

ये मेरे दिल के राजकुमार मुझे अपना इश्क़ मुकम्बल करना है तुमसे,

शादी करके अपनी पूरी ज़िन्दगी तुम्हारे साथ बितानी है |

Author - Vikash soni

80. मेरा घर छीनकर खुदा ने मेरे कान में आकर कहा,

तुझे तो दिलों में रहने कि आदत है गालिफ,

अब जा, वहीं जाकर अपना महल बना |

Author - Vikash soni

81. जाने किस रात मेरी ज़िन्दगी में

इतनी बरसात हो गई,

के एक बार में ज़िन्दगी खाक हो गई,

और अभी अभी तो ठीक से चलना मैने सीखा था यारों,

पल भर में ज़िन्दगी इतनी पाक हो गई,

अब में मुस्कुराऊ या आंसू बहाऊँ

इस मंज़र पर समझ नहीं पड़ रहा,

इतनी गहरी बात मेरे साथ हो गई |

Author - Vikash soni

82. भला अब, क्या कहे, इस जमाने को,

घर से निकल गये, हम कमाने को,

क्या धोखा, क्या फरेब, हर दर्द से अब वाक़िफ हूँ,

झूठा बोला, मैने, खुद के हर एक बहाने को,

चल पड़े फिर अपनी फूटी किस्मत आजमाने को |

Author -Vikash soni

83. मेरे सुरते हाल, मेरी, नाकाबी बयां करते है,

कुछ पैरों के काटें, मुझे, भला इंसान समझते है,

क्या बर्बादी मुझ पर, इतनी ज्यादा ज़चती है,

के अब भी लोग मुझे माला माल समझते है |

Author -Vikash soni

84. भाई ज़िन्दगी में अब,जब भी तुमसे मुलाक़ात हो,

तब तुम्हारे दिल में किसी भी, खर्चे का मलाल ना हो,

उस दिन, बस इतनी ख्वाईश होगी मेरी, कि

तुम्हारे इस भाई के सामने,पैसे की कोई ओकात ना हो |

Author -Vikash soni

85.हमने बेवफाई का झूठा इल्ज़ाम कुबूल किया,

मगर किसी को कहने न दिया,

तुमने उस मासूम को तबाह किया,

हमारे सर की छत तक गिर चुकी थी यारों,

और उसे लगता है कि हमने उसका सपना उजाड़ दिया।

Author - Vikash soni

86. जिस में ना सुर है ना ताल है,

बाजार में बिकता वही माल है,

हम से कहते है लोग तू भी आजमाले,

पैसा कमाने की बस यही चाल है |

Author - Vikash soni

87. डूब गई नाओं,

फिसल गया पाओ,

अब तो जहाँ मिले छाओं,

वही अपना गांव |

Author - Vikash soni

88. जतन लाख करलो तुम हमसा हमदम पाने की,

जर्रा भर भी नहीं हमारे जैसा ढूंढ पाओगे तुम,

नुमाइश लाख कर लो इस जिस्म ज़माने में,

रुह को दे जो सुकून ऐसा चैन नहीं ढूंढ पाओगे तुम |

Author - Vikash soni

89. हमसे नजरें ना फेरो तुम,

क्या अपना तिलस्म हमें ना दिखाओगे,

या तुम्हें डर कि हम भी कही,

पागल ना हो जाये ओरों कि तरह,

तो फिर बताओ भला तुम हमें अपना कैसे बनाओगे |

Author - Vikash Soni

90. दूर से महबूब का दीदार किया नहीं जाता,

मुद्दतों बाद किसी का सुक्रिया किया नहीं जाता,

लोग कहते है कि हम खुश है अकेले,

क्या बताये किसी को, के उनके बगैर, हम पे अब जिया नहीं जाता|

Author - Vikash Soni

91. भीड़ में किसी शख़्स के हाल का पता नहीं चलता,

मुस्कुराहट से उसमें छिपे दर्द का पता नहीं चलता,

और भले ही बरखुब देखा है तुमने समंदर अपनी आँखों से,

मगर दूर से समंदर की गहराई का पता नहीं चलता|

Author - Vikash Soni

92. हिन्दू, मुस्लिम,सिख,ईसाई,

सबको परेशान करे लुगाई,

अब कहा जाकर ये देंगे दुहाई,

ये आफ़त इन्होंने खुद गले जो लगाई |

Author - Vikash Soni

93. में अपने साथ हुये, हादसे का,

अकेला गवाह हूँ,

जहाँ में, बेगुनहा होते हुये भी,

गुनेहगार रहा हूँ |

Author -Vikash soni

94. मैने एक पल में,अपना सब कुछ गवाया है,

खुदको, गुमनामों कि गिनती में गिनाया है,

हालत इस कद्र ख़राब हुये थे मेरे,

ये, में ही जानता हूँ, कि

किस कद्र, मैने खुद को बचाया है |

Author -Vikash soni

95. मोहब्बत जान ले लेती है, अक्सर मासूम आशिकों की,

अरे वो खून कि लाली लगाती है, किसी भरी जवानी की,

किसी का बेटा,किसी का पिता, किसी का भाई,छीन लेती है वो,

अरे अब क्या मिसाल दूं में तुम्हें, ऐसी मोहब्बत की,कहानी कि |

Author -Vikash soni

96. बड़ी दिलचस्पी दिखा रहे हो तुम हममें,

हमें क्या तुम अपने घर ले जाओगे,

अरे तुम, एक दिन भी नहीं झेल पाओगे हमें,

ज़िन्दगी भर के वादे, तुम क्या ख़ाक निभाओगे |

Author -Vikash soni

97. हम तो बैठे थे दूर से ही तमाशा देखने को,

कमबख्त एक पत्थर ने हमारी तरफ उछलके,

हमें भी गुमराह कर दिया |

Author - Vikash soni

98. फलक से तोड़ कर एक चांद से

खुदा ने मुझे नवाज़ा,

मगर हाथ बंधे थे मेरे,

ये चांद देखकर मैने जाँचा |

Author - Vikash soni

99. संघठन में सकती और अकेले में फटती,

तुम नादान यहाँ -वहाँ, कहाँ, भटकती,

मुझे ये बात है, खटकती |

Author - Vikash soni

100. जब रिश्तों में पढ़ी दरार, गले तक उतरी शारब,

दिमाग़ पर चड़ी बात सामने आती है,

तो म्यान में रखी तलवार, बहार निकल ही जाती है|

Author - Vikash soni

101. इश्क़ की गली में एक खिड़की खुली मिली,

जैसे कली खिले बहार में,

ऐसी रुह को सुकूनियत हमें मिली,

हुस्न के दीदार के बदले, इश्क के इशारे की हंसी से,

उनकी नज़रे हमारी नज़रों से मिली |

Author - Vikash soni

102. ज़िन्दगी ने बड़े लहजे से हमें शर्मिंदा किया,

ना जाने किन अधेरों में हमें धकेल दिया,

कभी-कभी पुराने रुतबे कि झलक,

हमारे लहजे में आ जाती है,

बता ज़िन्दगी किस कद्र, तुने एक बादशाह को

बसिंदा किया |

Author-Vikash Soni

103. प्यार में भरोसा होना बहुत जरुरी है,

गलतफहमी दूर करना बहुत जरुरी है,

अगर फिर भी टूट जाये दिल किसी का,

तो याद रखना,

तबाह होने के लिए हौसला बहुत जरुरी है|

Author-Vikash Soni

104. उसने मुझे युँ छुआ,

मेरी आँखों पर छाया धुआँ धुआँ ,

सरबत-ए-बहार सी जन्नत जैसी वो,

में उसके सामने खाली कुआँ |

Author-Vikash Soni

105. अब हवाओं का रंग लाल हो गया है,

ये नज़ारा मेरी महबूबा का गाल हो गया है,

जो हम सोच ना सके ख्वाबों में कभी,

कुछ ऐसा हकीकत में कमाल हो गया है |

Author-Vikash Soni

106. खुशियाँ छोड़ कर हम गम के सहलाब में उतर गये,

और लोग कहते है कि हम खुद वा खुद सुधर गये,

फिर ना इधर गये ना उधर गये,

किसे क्या पता,के हम कितने अंगारों से गुजर गये |

Author-Vikash Soni

107. मुझे यार बनाकर,मत लूटो दोस्तों,

हम पहले ही बहुत लुट चुके है,

और ये जो नकाब लगाकर बैठे हो, मेरे सामने,

हम इनके पीछे छिपे रंग,पहले भी कई बार देख चुके है|

Author- Vikash soni

108. उन्हें जरा भी कद्र नहीं है हमारी,

और हमने रुह तक उनके नाम करदी,

खाने को दौड़ती है जोरू हमारी,

इसलिए हमने भी जायदाद पड़ोसन के नाम करदी |

Author- Vikash soni

109. तुम निगाहें ना फेरो ऐसे,

के तुम्हारी निगाहों से कि अतिशबाज़ी,

तुम पर बड़ी खूब जचती है,

तुम्हें मालूम नहीं शायद,

के ये मेरे दिल का खंडर ,

दिवाली पर भी ऐसा रोशन ना हुआ |

Author- Vikash soni

110. खुश बहुत थे, हम उनका दिल चुराकर,

उसने भी मेरे इश्क़ का, सजदा कर लिया,

जब देखा हमने उन्हें मुस्कुराकर,

उसने बेखौफ, हमें बाहों में भर लिया |

Author- Vikash soni

111. अब में अपनों के बीच नहीं, सपनों के बीच हूँ,

झूम रहा हूँ किसी भीड़ में, फिर भी खामोश हूँ,

सुना था,किसी से एक दिन मुझे भी सुकून मिल जायेगा,

बस उसी सुकून कि तलाश में आज कल मशरूफ हूँ |

Author- Vikash soni

112. इस दिल का क्या, खामखा किसी पे भी आ जाता है,

फिर लबों पे, प्यार का इज़हार आ जाता है,

मगर सुना है, शिद्दत से मोहब्बत करने वालो कि, प्रेम कहानी पूरी नहीं होती,

इसलिए हमने भी दिल लगी कि सिर्फ़, उसमें मोहब्बत

जरुरी नहीं होती |

Author - Vikash Soni

113. अब मुझे स्याना नहीं बताता कोई,

अब मुझे अपने राज़ नहीं बताता कोई,

शायद वो अब भरोसा नहीं करते मुझ पर,

जिनके लिए में लड़ जाता था कि इन्हें मत सताना कोई|

Author - Vikash Soni

114. दिल चुराकर पूछते हों,

क्या खो गया तुम्हारा,

हमें बफा कि चाह थी तुमसे,

मगर दिल लगी काम है तुम्हारा |

Author - Vikash Soni

115. मुझे कैद करना है तो, अपनी निगाहों से करना,

वरना में तुम्हारी नज़रो से, ओझल हों जाऊँगा,

ना जाने कब से छलक रहा है, ये पैमाना प्यार का,

तुम पिलो इसे, वरना में खाली हों जाऊंगा |

Author - Vikash Soni

116. बता आसमान तेरा कद कितना है,

मुझे उस में उड़ान भरना है,

गुमनामी कि ख्वाहिश नहीं है मेरी,

मुझे तुझ से ऊपर निकलना है |

Author - Vikash Soni

117. जिस दिन तुम मेरी काबिलियत जान लोगे,

तब मुझे हजारों में भी पहचान लोगे,

फिलहाल तुम्हारे लिए में गुमशुदा ही सही |

Author - Vikash Soni

118. इतनी सराफत का क्या फायदा,

के सराफत को भी शर्म आ जाये,

और किसी कि हिमाकत इतनी बढ़ जाये,

कि हमारे सामने हमारे घर को आग लगा जाये |

Author - Vikash Soni

119. तुम बेकार ही हमें सता रहे हो,

और खुद को छोटा बना रहे हो,

हमें मुस्कुराकर अपना दर्द बताने कि आदत है,

तुम खामखा अपनी तकलीफ बड़ा रहे हो |

Author - Vikash Soni

120. उन्हें बड़ा गुमान था खुदपर,

कभी ना किसी से हारने का,

जरा मोहब्बत क्या हुई उन्हें,

वो अपना सब कुछ गवा बैठे |

Author - Vikash Soni

121. तू सब्र कर बंदे, बिखर के, तू भी निखर जाएगा,
अपने हालातों से लड़ कर, तू भी संवर जाएगा,
तू मत कर फ़िकर, ऊपर बैठा है तेरा मालिक,
जो इस तेरी डूबती नैया को, किनारे तक पहुंचाएगा |

Author - Vikash soni

122. क्या तुम्हें आता है, खुद पर फना होना,
नहीं आता तो सीख लो,
क्योंकि तुम्हारी मौत पर,कफ़न भी, तुम्हीं पर
उड़ायेगे ये लोग |

Author - Vikash soni

123. तुम्हें क्या लगा हम लोट आयेंगे,
दामन प्यार का फिर से ओढ़ लायेंगे,
अरे हमने सीख लिया खुद से प्यार करना, इस जमाने में,
अब भूलकर भी, तुमसे किसी मोड़ पर, हम ना टकरायेंगे |

Author - Vikash soni

124. अच्छा रहा, हम चल पड़े,

मुसीबतों से अपनी झगड़ पड़े,

जिंदगी ने मायूसियों के सिवा,हमें दिया ही क्या,

अच्छा हुआ हम खुद की तलाश में निकल पड़े |

Author - Vikash soni

125. ये सल्तनत फ़क़ीर की है, यहाँ की मेहमान नाबाज़ी,

तुम्हें राश ना आएगी,

माना अदाएं कातिलाना है तुम्हारी , फिर भी यहां किसी,

को कुछ खाश ना भाएगी |

Author - Vikash soni

126. दोस्त सारे गुमशुदा हो गए,

अपनों के साये मेरे सर से भी युँ जुदा हो गये,

अब हम ज़िन्दगी की तलाश करें भी तो कहा करें,

जब सारे रास्ते हम से युँ ख़फ़ा हो गये,

Author - Vikash Soni

127. शिश्किया सुनाई दे रही है तुम्हें,

या फिर अपना दुखड़ा तुम्हें गा कर सुनादें,

कमबख्त आवाज तक ना दि उसने,

हमें रुला देने के बाद |

Author - Vikash Soni

128. खूबसूरत लड़कियों से मुस्कुराकर तोबा कर लेना,

उन्हें तुम दूर से ही देखकर आहे भर लेना,

शाम होने पर दबे पैर उनके घर से चुप चाप निकल लेना,

और कही पकड़े गये, तो फिर अपनी हड्डी-पाशली की,

सालमति की दुआ कर लेना |

Author - Vikash Soni

129. एक हसीन मोके पर हमारे साथ धोखा हो गया,

बातों ही बातों में,जब हमारा रोका हो गया,

हम तो गुम, किसी और के ख्यालों में थे,

ना जाने किस कदर हमारी नजरों को धोखा हो गया |

Author - Vikash Soni

130. हमसे विरासत की बात ना करो,

हमारे हिस्से ज़िम्मेदारी आ गई थी,

जिस उम्र में मूछें भी नहीं निकली थी तुम्हारी,

उस उम्र हमारी दाढ़ी में सफ़ेदी आ गई थी |

Author - Vikash Soni

131. गुजारिश कर के देखो, हम पिघल जायेंगे,

तुम मुस्कुराकर देखो,हम महक जायेंगे,

तुम खामोश खा मा खा बैठे हों,हमसे दूर,

तुम पुकार कर देखो, हम तुम्हारी तरफ दौड़े चले आयेंगे |

Author - Vikash soni

132. कभी आओ गालिफ़ की महफिल में,

तब हमारी शान का पता आपको चले,

कभी देखो इन निगाहों को गौर से,

तब हमारी जान का पता, आपको चले |

Author - Vikash soni

133. हम करें उनसे कोई शरारत, ऐसी हमारी हिमाकत कहा

हमारी नज़र देख ले उन्हें, चोरी से,

ऐसी हमारे पास नजाकत कहा,

हम चाहते सुनादे अपना हाले दिल उन्हें खुलकर,

मगर ऐसी हमारी बकालत कहा |

Author - Vikash soni

134. हमें क़त्ल कर वो,किसी और को शिकार बनाये बैठे है,

वो किसी और की बाहों में, हमें नज़रों का जाम पिलाये बैठे है,

फिर भी हम हर जुर्म उनका,हँसकर कुबूल करेंगे,

क्योंकि हम, सबसे छुपाकर, उन्हें अपने दिल में छिपाये बैठे है |

Author - Vikash soni

135. जहन में आग, दिल में तूफ़ा पाला है,

अब तो कुछ कर गुजरने का, जुनून जागा है,

यह सोचकर निकले ही थे, घर के बाहर, फिर देखा

सामने खुदी हुई सड़क और पीछे गंदा भरा नाला है|

Author - Vikash soni

136. मन कहे मेरा कि अब तो संभल जा,

के पैसों के बाजार में दिल नहीं बिकता,

भले मुस्कुराना कमाल कि,अदाकारी है तुम्हारी,

मगर इस मुस्कुराहट के पीछे का गम किसी को नहीं दिखता |

Author - Vikash soni

137. कुछ यार मिले है,जो हमें सभाल रहे है,

तार -तार मिले हम उनको, वो ज़ख्म छिपा रहे है,

हम खुद से नाराज होकर अकेले बैठे थे, किसी कोने में,

वो अब खींचकर हमें, हर एक महफ़िल में उतार रहे है|

Author- Vikash soni

138. चलो आवाज़ दे, आज खुद को फिर से

कहानी अधुरी रह गई, जो उसे पूरा करें फिर से,

गलतियां तो बहुत कि हमने इस ज़माने में,

चलो आज गलतफहमी दूर कर दे इस जामने कि फिर से |

Author - Vikash soni

139. ये मेरी बुझी हुई जिंदगी,तुझे क्या बताऊं कि जला क्या है,

ये जो आसमान में काला धुआँ देखा तुमने,

तुझे क्या बताऊं कैसे उठा है,

तसल्ली है, कम से कम मेरी परछाई, मेरे साथ है,

बस इतना जान ले ज़िंदगी मेरे घर कि ख़ाक से, मेरे हिस्से

बस यही लगा है |

Author - Vikash soni

140. खामोश होकर इतनी, खामोशी की उम्मीद नहीं थी हमें,

तन्हाइयों ने हमें सबसे, यूँ अकेला कर दिया,

ये जिंदगी, तेरे अपने दिल से ऐसे उतरने की उम्मीद नहीं थी हमें,

मगर हालातों ने, हमें ये कहने पर मजबूर कर दिया |

Author - Vikash soni

141 .ज़िन्दगी की कुछ हसीन यादों, के बारे में सोचता रह गया,

अपने मुकद्दर को युही,कोसता रह गया,

लापरवाही की भी एक हद होती है,जिंदगी में बस यही सोचकर,

अपनी कहानी के पीछे छिपे आँसुओं को पोछता रह गया |

Author - Vikash soni

142. बादशाह है हम अपनी गली के,

हम कहा किसी का इंतजार,इतनी फ़ुरसत से करते,

वो आपके हुस्न ने हमें मजबूर कर दिया कुछ इस कद्र,

वरना हम न किसी से मुलाकात इतने तरसते |

Author - Vikash Soni

143. काश हमारा इश्क उन,पर कर्ज हो जाये,

उनकी हर आरजू, हमारा फ़र्ज हो जाये,

ये खुदा सुन ले मेरी फरियाद और

उसका नाम में,मेरा सरनेम मर्ज हो जाये |

Author - Vikash Soni

144. आपके पास ठण्ड कि, व्यवस्था कई सारी है,

और हमारे पास, बस एक तीली, वो भी पुरानी है,

मगर पॉकेट नहीं, जिस पर तीली घिस कर आग जला सके,

अपने अरमानों की प्यास, हम थोड़ी बुझा सके |

Author - Vikash Soni

145. जिन्होंने सिंहासन से उतरकर, कभी दरबार तक देखा नहीं

वो आज सड़को पर,सारे आम महफ़िलो में, सुमार हो रहे है

जिन्होंने वर्षो तक,संभाल के रखा अपना तख्त ओ ताज

वो ही आज सारे आम सड़को पर नीलाम हो रहे है |

Author- Vikash soni

146. पता नहीं,पाप पुण्य करके किसे क्या मिला है,

किसे क्या पता,कि उसके आने वाले कल में क्या लिखा है,

में बस इतना जानता हूँ कि,

अपने गलत किये कर्मों पर, एक दिन पछताना ही है,

तुम चाहे छुपकर करलो कितने ही बुरे काम

पाप का घड़ा एक दिन भर जाना ही है |

Author- Vikash soni

147. बेकाबू हालत एक दिन,काबू हो जायेंगे,

तुम्हारी दुआं में पढ़े शब्द, दुआं में सुमार हो जायेंगे,

लेकिन तुम ना बैठो युँ हाथ पर हाथ रखकर,

वरना जो बचे है चंद जीराग तुम्हें राह दिखाने को,

वो निराश होकर बुझ जायेंगे Author - Vikash soni

148. देर से सही, हमारी मेहनत रंग लाएगी जरूर,

मेरे हाथों नहीं जो, किस्मत कि लकीर,वो बन जायेगी जरूर,

खुद को लायक बनाने कि,हमारी कोशिश रहेगी भरपूर,

कि एक दिन वो मुकद्दर भी बोल पड़ेगा, फ़रमाइए हुजूर |

Author - Vikash soni

149. जिंदगी के सफर में, मंजिल कि दूरियाँ रास नहीं आ रही ,

रूठा है मुकद्दर,ये जवाबानी रास नहीं आ रही ,

हम कैसे किसी और को खुद को सौंप दे,

जब हमें अपने नुकसान के कारण किसी और कि

साझेदारी रास नहीं आ रही |

Author - Vikash soni

150. जिंदगी कि दौड़ में, तुम्हारा परचम शिखर पर लाल होगा,

तुम्हारा मुकद्दर भी तुम्हारा गुलाम होगा,

तुम नउम्मीद में उम्मीद खोजना सीख लो बस,

तुम फिर देखना, इस जहाँन के बादशाहों से बड़ा,

तुम्हारा तख़्त ओ ताज होगा |

Author - Vikash soni

151. हम पर बेशक बड़ा संगीन इल्जाम है, खुद को बर्बाद

करने का,

और मुझे इल्म है इस जुर्म कि सजा का,

मगर इस ज़माने कि बेरुखी हमें मंजूर नहीं,

खुद को बर्बाद कर भला क्या ही बिगाड़ा,हमने इस

ज़माने का | Author - Vikash soni

152. अगर तुम्हें खुद पर यकीन है, तो क्यों मंजिल कि

राहों से डरते हो,

सफर चाहे कैसा भी रहे तुम्हारा,

मगर अंजाम वही होगा, जो तुम आज यकीन से

इस किताब पर लिख़ते हो |

Author - Vikash soni

153. हम मशरूफ रहे, खुदके ख्यालों में,

हम मशरूफ रहे, जमाने के तरानों में,

लेकिन जब हम,ख्यालों से हकीकत में आये,

तो हम चूक गये, खुद को आजमाने में |

Author -Vikash soni

154. तुम्हें अगर,बेपरवाह होकर,जीना है इस जहाँन में,

तो किसी पर यकीन मत करना मेरे दोस्त,

यकीन रखना तो सिर्फ खुद पर,

तुम किसी और के लिए, बर्बाद मत होना मेरे दोस्त |

Author - Vikash soni

155. हम हर रोज़ जस्न मानते रहे, अपनी बर्बादी का,

खूब दौलत उड़ाते रहे, अपनी उधारी का,

महकमा शायद तब, हमसे रूठा

जब हममें एहसास जगा, कुछ समझदारी का |

Author Vikash soni

156. हम सरे आम बेग़ैरत,रुक़्शत हुये,

रातों -रात अपनी ही गली से रुक़्शत हुये,

हमारी ही कमी थी, तो हमने अपनी हर खता मानी,

वरना हम कहा कभी भरी महफ़िल से ऐसे ही

बिना कुछ कहे रुक़्शत हुये |

Author -Vikash soni

157. वो सोने का दलदल, जिसमें में उतर गया,

खुद को, खुदी से तबाह करने पर उतर गया,

मैने सोचा क्या वज़ह थी, मेरा ऐसे करने कि,

फिर जाना वो नशीब था मेरा जो मुझे आधे रास्ते

बुलाकर

फिर मेरा साथ देने से मुकर गया |

Author -vikash soni

158. हम बेहिसाब उनके इश्क़ में तड़पते रहे,

और वो हमारे दर्द से, बेकद्र युही चहकते रहे,

जब हमने उन्हें,अपना हमदर्द समझकर आवाज दी,

वो कमबख्त, हमारे दर्द पर,अपनी बातों का

नमक छिड़कते रहे |

Author - Vikash soni

159. माँ मेरी हम दम, मेरी साथी रही,

हर वक़्त, मुझे हर कदम पर समझाती रही,

कि प्यार बांटते रहना, इस जहाँन में,

बस इसी तरह वो प्यार से मेरी रुह को जगाती रही|

Author - Vikash soni

160. जमाना ये जानता है, मगर मानता नहीं

कि प्यार का अल्फाज अधूरा है, ये जानता है,

मगर मानता नहीं,

सभी को इश्क़ कि तड़प है, और सभी हुशन

और इश्क़ के दीदार को, बेसब्र है,कि बेहिसाब

दर्द मिलेगा उनको,

जमाना ये जानता है, मगर मानता नहीं |

Author - Vikash soni

161. उस दिन मेरी आँखें नम थी, शायद मुझे अपनों से

उम्मीदें थोड़ी कम थी,

लेकिन उस दिन देखा जब, मैने अपनी भाभी कि

आँखों को,

तो उसमें मेरी माँ कि ममता ज्यादा और वो मेरी

भाभी कम थी |

Author- Vikash soni

162. एक भाई है मेरा, जो अक्सर बचपन में मुझे रुला,

दिया करता,

फिर जाहे मेरे लिए,दूसरों से लड़ाई कर लिया करता,

लेकिन पता नहीं मैने,अपने गुनाहों कि कौन सी सजा पाई,

कि वो मुझसे दूर हो गया, जिसकी में कभी परछाई,

हुआ करता |

Author - Vikash soni

163. मेरे प्यारे भतीजे तुम खुश रहो, तुम्हारी बातें

युही मुस्कान के साथ सहजती रहे,

तुम खूब तरक्की करो, कि तुम्हें देखने हासिनों

कि निगाहें तरस्ती रहे,

बेसब्र रखना अपने आप पर, हमेशा अपराजित रहो,

कोई प्यार से पुकारे तुम्हें, तो तुम्हारी उम्मीद इस

दुनिया पर बरसती रहे |

Author - Vikash soni

164. क्यों हम पर यूं ही सितम ठायें जा रहे हो,

क्यों तुम किसी दूसरे के करीब हुये जा रहे हो,

तुम्हें चाहकर ऐसा कौन सा गुनाह कर दिया हमने,

क्यों तुम बेवक्त, बेकद्र, ही हमें तड़पाये जा रहे हो |

Author -Vikash soni

165. हम शाने मोहब्बत कि निगाहों से देख रहे थे, उन्हें

उनकी सीरत इतनी प्यारी, कि कोई न चाहकर भी चाहे उन्हें,

युँ तो खामोश होकर देखते रहे, हम उनका मासूम चहरा,

मगर कुछ तो बात थी उनमें, जो हम चाहकर भी

बता ना सके उन्हें |

Author -Vikash soni

166. में ऐसे ही हर वक़्त बे वक़्त, वक़्त से हारता रहा,

खुद को,बेपरवाह लोगों में गिनाता रहा,

जो वक़्त मेरा नहीं, वो मेरे किस काम का,

बस ऐसे ही खुद को, हर वक़्त समझाता रहा |

Author -Vikash soni

167. प्यार की भाषा तो, बेजुवान भी समझ जाते है,

अपने हमदम से टकरार की भाषा, हम उनकी निगाहों

से समझ जाते है,

भले ही उनकी मुस्कुराहट के फूल,बिखरे हो सारे घर में,

फिर भी हम सन्नाटे में छिपे आने वाले तूफान को समझ जाते है

Author - Vikash soni

168. अगर प्यार की तलाश है,तो निकलो मोहब्बत के

गलियारों में,

अपना दिल जलाने की आस है, तो निकलो मोहब्बत

गलियारों में,

तुम्हें बेआबरू तक होना पड़ेगा, मोहब्बत के गलियारों में,

ये तुम्हारी रुह तक छीन लेगे तुम से, तुम निकलो तो

मोहब्बत गलियारों में |

Author - Vikash soni

169. तेरे प्यार को सजदा करुँ, ये बेवफा,

तुझ पर अपनी जान तक लुटाई मैंने, ये बेवफा,

तुने मेरे प्यार के पैगाम,खामोश होकर समेटे,ये बेवफा,

मगर उन्हीं प्यार के पैगामों की अग्नि से, तुने किसी और

के संग सात फेरे लिए, ये बेवफा |

Author - Vikash soni

170. मोहब्बत से किसी से नजरें मिल जाये, तो उसे प्यार

का इशारा कहते है,

मस्त जवानी में किसी का आँजल सरक जाये, तो उसे

आशिक़, मोहब्बत का नज़ारा कहते है,

अरे हमने तो कई आशिक़ो से सुना है,

जब दिलरुबा शादी के लिए तैयार हो जाये, तो उसे ही,

सात जन्मों का सवेरा कहते है |

Author - Vikash soni

171. जो एक वक़्त जान लुटाया करते थे, हम पर,

वो आज हमारे सामने, अंजान बने बैठे है,

जो कभी नाम ले - लेकर नहीं थकते थे हमारा,

वो आज भरी महफ़िल में, हमें रुस्वा करें बैठे है |

Author - Vikash soni

172. तुम्हारी नज़र क्यों हैरां है,

मेरी आँखों में सिर्फ तुम्हारा ही चेहरा है,

तुम्हारी बंदिशें क्या कम थी, जान

जो अब तुम्हारी सहेलियों तक का, मेरी जिंदगी में

पहरा है | Author - Vikash soni

173. नादान परिंदे बारिश के मोसम में,

अक्सर एक दूसरे के करीब आ जाते है,

शर्म हया के सारे दायरे सिमट जाते है,

एक मोहब्बत ही तो है,जो इस जहाँन को रोशन रखे हुये है,

ऐसे ही नहीं,प्यार में मसरूफ़ प्रेमियों के सामने, शाम,

रोशन करने वाले जीराग, खुद व खुद बुझ जाते है |

Author- vikash soni

174. हम बेशर्म होकर उनकी शर्म देखते रहे,

उनके नजदीक होकर भी उनसे बात करने को तरसते रहे,

मगर उनकी मासूमियत से खिलवाड़ करने की हमारी हिम्मत नहीं हुई,

हम वो प्यासे जो साहिल सामने होने पर भी पानी को तरसते रहे | Author- vikash soni

175. अपनी जीत पर इतना घमंड मत कर मेरे दोस्त,

तुम्हारी जीत से ज्यादा किस्से है,हमारी हार के इस ज़माने में,

तुम ने त उम्र निकल दी बस पैसा कामाने में,

और मैंने अपनी जिंदगी गुजार दी लोगों के दिल में अपना

घर बनाने में | Author- vikash soni

176. हमने रोता नहीं देखा,किसी और को हमसे ज्यादा,

कि उसे चुप कराने का हममें हुनर हो,

लेकिन उस दिन उसे,रोता हुआ भी हम नहीं देख पाये,

जिसकी ख्वाहिशों में मेहनत भरपूर मगर किस्मत का

साथ कम हो | Author- vikash soni

177. जाहे मेरा भगवान या उसका खुदा,

अब हमें नहीं कर पायेंगे एक दूजे से जुदा,

में कही भी रहूँ, मेरी रुह उसके पास है,

ज़माने में नहीं है दम जो छीन ले मुझसे,

वो जुनून मेरे पास है | Author- vikash soni

178. संभलते वो है, जो दूसरों के सहारे चलते है,

हमने तो चलना ही, गिर - गिर कर सीखा है,

हम वो नहीं जो गिर कर, किसी और कि तरफ देखे

के वो आकर हमे उठाएं,

हमने गिर कर उठना ही, अपने गुरुर से सीखा है |

Author- Vikash soni

179. हमारा होश, तब हमारा नहीं था,

पूरा दोष हमारा नहीं था,

कमबख्त खुद को जला बैठे, इस जमाने कि आग में,

जबकि आग लगाने का इरादा हमारा नहीं था |

Author- Vikash soni

180. रास्ता मेरा कठिन था, मंज़िल भी थी दूर,

प्यास बड़ी तड़प कि थी, साहिल भी था दूर,

उम्मीद थी सच्ची, तब नउम्मीद करी दूर, और

इरादा था मेरा पक्का कि मंज़िल को पाना है जरूर |

Author- Vikash soni

181. हर रात ये गाना गुनगुनाया है मैंने,

कल का सवेरा हमारा है, ये खुद को सुनाया है मैंने,

कल सुबह होगी हमारी, तो आज रात काली क्यों है,

कल अच्छा होगा हमारा, तो आज यह बर्बादी क्यों है |

Author- Vikash soni

182.तुम्हें क्यों है,अफ़सोस उस बात का जो तुमने खुद से की थी,

तुम क्यों नाराज हो उस हकीकत से जो तुमने खुद से रची थी,

क्या तुम्हें इल्म नहीं था की तुम क्या खो दोगे इस जहाँन में,

फिर क्यों तुमने कल खुद की बराबरी किसी और से की थी |

Author Vikash soni

183. तुम क्यों इस दुनिया से गुमराह होते हो,फिर यूं ही खुद से
रोते हो,
अगर नहीं पता तुम्हें, अपनी मंजिल के रास्ते,
फिर क्यों अंजानी, राहों में खोते हो,
नकाबपोश है यहाँ सब और तुम नादान परिंदे हो,
फिर क्यों हर बार इनके मुख में तुम होते हो |

Author - Vikash soni

184. हम भी उन दिनों अपनों के संग सुकून से बातें कर
लिया करते थे,
अपने आँगन में ख़ुशी से झूम लिया करते थे,
अरे बड़े हसीन थे वो दिन,
जब हम अपने माँ -बाप के साये में जी भर के ज़िन्दगी के मजे लिया करते थे |

Author - Vikash soni

185. क्यूं वक़्त तु मेरा इंतहान लिए जा रहा है,

मुझे यूं ही परेशान किये जा रहा है,

तु क्यूं नहीं समझता मेरे जज्बातों को,

में भी एक मासूम इंसान हूँ,

तु यूं ही मुझे तोफों में दर्द दिए जा रहा है |

Author - Vikash soni

186. अपने इस बर्बाद जीवन को में कुछ तो आवाद करुँ,

अपनी करनी का में भी तो कुछ पश्चयाताप करुँ,

इस धर्म, अधर्म की करनी का में भी तो थोड़ा सार बनुँ,

जिस परमेश्वर संभाल रखा है, ये जीवन उसको प्रणाम

बारम्बार करुँ | Author -Vikash soni

187. में अपने माँ - बाप का सच्चा बेटा हूँ,

मैंने ना कोई दुष्कर्म किया,

जब तक मर्जी नहीं थी उस लड़की की,

मैंने खुद को, उसे छुने ना दिया |

Author - Vikash soni

188. मुझे यकीन है, मेरे भगवान पर,

मझे वो ऐसे नहीं, अपने दर से खाली हाथ जाने देगा,

अगर रास्ता दिखाया है, उसने मेरी मंजिल का,

तो मंजिल पर पहुंचाने तक, वो मेरा साथ देगा |

Author - Vikash soni

189. अपने थोड़े रुतवे पर तु मत इतरा इंसान,

ऊपर बैठा है, शहंशाह जो सब पर रखे नज़र,

खामोश होकर तु कर ले कोई भी गलत काम, वो देखे

बैठा है, यहाँ सबकी फितरत, तु मत कर फिकर,

वो जल्दी तुम्हारे जहन में भी छोड़ेगा अपना असर |

Author - Vikash soni

190. तुम बम बनाओ, मगर थोड़ा कम बनाओ,

तुम शर्म बचाओ, मगर थोड़े अच्छे कर्म बढ़ाओ,

तुम्हें नहीं पता के बच्चों को तोफे में क्या देते है, अगर

तो अपनी यह नज़र झुकाओ, उनकी मुस्कान को देखों

एक बार, फिर शायद तुम समझ जाओ |

Author -Vikash soni

191. तेरी पायल की झनकार ने आवाज दी, मुझे,

तेरी चूड़ी की खनकार ने आवाज दी, मुझे,

तेरे प्यार के पैगाम ने आवाज़ दी, मुझे

मगर में सुन नहीं पाया,

इसी बात कि वक़्त ने सजा दी, मुझे |

Author- Vikash soni

192. क्यूँ खफा हे,ये मुसाफिर खुद से,

ये दर्द का दरिया है, यूं ही बहता रहता है,

इस जिंदगी के सफ़र में उम्मीदों का धागा,

अक्सर हाथों से छुटता रहता है,

खामोश होकर खुद को समेट, फिर से निकल

इन ज़िन्दगी की राहों पर,

अगर फिर भी मंज़िल ना मिले तुम्हें तो भी तजुर्बा

तुझे मिलकर तेरे साथ आगे बढ़ता रहता है |

Author- Vikash soni

193. बचपन कि मीठी यादों को याद किया है, मैने

अपने दर्द को कम करने का जाम पिया है, मैने

उन दिनों में कितना मासूम था, याद किया है,मैने

उस दिन को याद कर,आज खुद को संभाल लिया है, मैने|

Author- Vikash soni

194. बंद कमरे की ख़ामोशी हमें सुनाई देती है,

दुनिया ने की जो हमारी रुसवाई हमें सुनाई देती है,

हमें लगता है, बस छोड़ दे सब कुछ,

दरवाजा खोल,बाहर निकल जाये, मगर

तभी हमारी कामयाबी की मंजिल पर, पहुंचने की आहट हमें सुनाई देती है |

Author- Vikash soni

195. तुम मोहब्बत से देखो जिस महबूब को,

वो महबूब हम तुम्हारा, गुलाम कर देंगे,

तुम आजमाकर देखो, हमें बस एक बार,

ये तख़्त तो ताज क्या हम सारा जहाँ तुम्हारे नाम कर देंगे|

Author- Vikash soni

196. मुझे पता नहीं था कि जिंदगी के सबसे कठिन रास्ते

पर,अकेला चलूँगा, में

मुझे पता नहीं था कि जिंदगी का सबसे कठिन फैसला,

अकेला करुँगा,में

में डरा नहीं, बस थोड़ा सहम गया हूँ, में

एक बार अपने बचपन को फिर से याद कर रहा हूँ, में

अकेली तन्हाईयों कि जंजीर रुकावट है, मेरी कामयाबी कि अगर,

तो इन जंजीरों को मुस्कुराकर तोड़ना सीख रहा हूँ, में |

Author- Vikash soni

197. मोहब्बत है वो मेरी उसे अपनाऊंगा जरूर,

दिल रिश्ता है जो उसे निभाऊंगा जरूर,

फिर जाहे क़यामत भी क्युँ ना आ जाये,

वो खुदाई है मेरी उसे समझाऊँगा जरूर |

Author -Vikash soni

198. रहो में चलते -चलते कभी हमारे पैर तक जल जाते,

फिर हम अपने ख्वाबों का मरहम उन पर लगाते,

अक्सर हम खुद को खुदी से समझाते,

कि एक मेहनत ही तो है, हमारी दोस्त,

हम कहाँ किसी और पर अपना हक जताते |

Author- Vikash soni

199. गुमनमी के अंधेरों से पार जाना है, मुझे

पहचान अपनी इस जहांन में बनाना है, मुझे

युँ तो मेरी ख़ामोशी को, लोग अक्सर कमजोरी

समझ लेते है, मेरी, मगर

एक दिन इसी ख़ामोशी से शोर मचाना है, मुझे |

Author- Vikash soni

200. अभी हम अकेले है,एक दिन काफिला हमारे साथ होगा,

जो मुकद्दर रूठा है हमसे, वो मुकद्दर भी साथ होगा,

अब तो हमने, खुद पर विश्वास करना सीख लिया,

हमें यकीन है कि

जो मुकाम सोचा है हमने, एक दिन वो मुकाम भी हमें जरूर हासिल होगा | Author -Vikash soni

201. हम चाहते कि वो देखे हमें मगर,

हमें देखने कि उन्हें फ़ुरसत नहीं,

उनकी निगाहों से बातें होती है हमारी,

उन्हें लबों से कुछ कहने कि जरूरत नहीं |

Author - Vikash soni

202. कमबख्त हमें खबर ही नहीं कि,

उन्हें मोहब्बत हमसे है भी या नहीं,

हम तो यूं ही उनके ख्यालों में गुम हुये जा रहे है,

हम करें भी क्या उनके सामने आते ही उनकी,

निगाहें मदहोश कर देती है हमें,

और हम यूं ही ख़ामोशी से उनसे अपने प्यार का,

इज़हार किये जा रहे है |

Author - Vikash soni

203. हमें प्यार से खोलना था उनके दिल का दरवाजा,

मोहब्बत के गलियारों में,

लेकिन हम सहम गये खुद के नाम को उनके नाम के,

साथ जुड़वाने में,

हमने बेइंतहा कोशिश कि उनका दिल जीत ले मगर,

वो अंजान रह गये हमारे प्यार को खुद पर आजमाने में |

Author - Vikash soni

204. प्यार हमें भी था प्यार उन्हें भी था,

जमाने के संग याराना हमें भी था उन्हें भी था,

मगर चार कदम संग चल युँ छोड़ा उन्होंने हाथ हमारा,

जैसे उन्हें कभी हमारा साथ पाना ही नहीं था |

Author - Vikash soni

205. जो रंग आप को ना हो पसंद वो रंग खुदा वे रंग करदे ,

हमारी उससे बस यही है आरजू कि आपके जन्मदिन ,

के दिन वो आपकी जिंदगी खुशियों से भरदे |

Author - Vikash soni

206. यूं तो बैठे रहे हम खामोश रातों में अकेले,

क्यूं उलझे रहे अपने ख़्वाबों में तन्हा अकेले,

वैसे तो उम्मीद के धागों से अपने ख्वाबों को बुन लिया हमने,

मगर इन ख़्वाबों को हकीकत में पूरा कैसे करें अकेले |

Author - Vikash soni

207. हम इश्क़ कि बस्ती में, फिर से नया मकान बनायेंगे,

ज़माने के पत्थरों ने तोड़ा है, जो हमारी मोहब्बत का आशियाना,उसे हम फिर से बसायेंगे,

वो चाहे लेले, कितने ही इंतहान हमारी मोहब्बत के,

मगर, हम आशिक़ है जनाब, इतनी आसानी से बाज़ न आयेंगे |

Author - Vikash soni

208 .राहों में मिली एक लड़की के,

निगाहों के जादू में हम खो गये,

उनकी नज़रों के तीरों से हम तो घायल हो गये,

उनकी एक मुस्कुराहट से हम इतने बेकाबू हो गये,

कि हमें कुछ पता ही नहीं, न खबर कि हम किन अंजानी

राहों में खो गये |

Author - Vikash soni

209. क्यों ये लब खामोश रहे,

ऐसा कौन सा गुनाह कर दिया हमने,

क्या समंदर मोड़ कोई रास्ता बुन दिया हमने,

कुछ गलतियां ही तो कि है, जनाब इस ज़माने में हमने,

फिर क्यों यूं ही हमें मुल्ज़िम चुन लिया तुमने |

Author - Vikash soni

210. मेरे प्यारे युवा साथियों जब तक कुवारे हो ऐश करलो

जिंदगी में मजे केस करलो,

क्योंकि शादी के बाद केस कमाते -कमाते जवानी सरक जायेगी,

और बीबी -बच्चों के नखरे उठाते - उठाते,

बस यूं ही ये ज़िन्दगी गुजर जायेगी |

Author - Vikash soni

211. हम उलझे रहे उनके ख्यालों में देर सवेर,

हम बैठे रहे उनकी रहो में देर सवेर,

वो बस युही मुस्कुराकर चले जाते थे हमारे सामने से,

और हम बस ऐसे ही देखते रहे उनकी आदओं का जादू

शाम सवेर | Author - Vikash soni

212. जमाना जान ले हमारी आशिक़ी अभी बाकी है,

प्यार के समंदर में डूब जाना अभी बाकी है,

उनकी सासों से हमारी सासें टकराना अभी बाकी है,

उनके लबों से हमारे प्यार का इज़हार अभी बाकी है |

Author - Vikash soni

213. बचपन के दोस्त जवानी में बिछड़ से जाते,

तब हम अपनी तन्हाइयों के और करीब से आते,

ज़माने कि ये काम काज़ी दुरियों के कारण हम,

एक - एक कर सारे बिछड़ जाते,

इसे देख हम कभी सोचते है कि काश अच्छा रहता,

कि हम बच्चे ही रह जाते | Author - Vikash soni

214. वो दिन भी क्या दिन थे जब उनके खिड़की से दीदार से,

ही, बस हमारी सुबह - शाम एक हो जाती थी,

रातें तो सिर्फ उनके ख्यालों के लिए थी, ना नींद आती,

ना चैन, ना दिल को सुकून बस उनके ख्यालों में,

ऐसे ही पूरी रात गुजर जाती थी |

Author - Vikash soni

215. कॉलेज कि एक लड़की को देख, हम कहीं खो गए

दोस्तों ने पूछा तो,तब हम खामोश हो गये

क्लास में उनके ख्यालों में खोकर हम सो गये

उनकी एक नज़र से, हम इतने मदहोश हो गये

Author - Vikash soni

216. हमने ता उम्र बस एक ही ख्वाब पाला,

कि सितारों सी सजे हमारी दुनिया,

सारा आसमान हमारे क़दमों तले उसके ऊपर हम चले,

लेकिन जिंदगी कि हकीकत ने हमें ये ज़हरे मंजर दिखा डाला,

जैसे ख्वाब ना पूरे होते यहाँ किसी के,

तूने वो ख्वाब अपने जहन मे कैसे पाला |

Author - vikash soni

217. जिंदगी के अंधेरों मे हम कही खो गये,

ख़्वाइशों से थक कर हम कही सो गये,

जब उम्मीदों ने हमें पुकारा तो खुशी के मारे,

लब हंसे और हम रो गये | Author - vikash soni

218. जिन्होंने भी जिंदगी कि ऊंचाइयां छुई वो झुककर चले,

अक्सर, अकड़ कर चलने वाले गिर जाते है,

जो भी तूफा से आँख मिलाकर आगे चले वो निखर जाते है,

अक्सर, तूफ़ा से डरने वाले बिखर जाते है |

Author - vikash soni

219. ये नुरे नज़र तखते ज़िगर,

तुम्हारी ख़ामोशी कि, हम रखते फिकर,

तुम्हारे दिल का हाल हमें ये समझा रहा है कि,

कोई हम सा मुसाफिर तुम से दूर जा रहा है,

तु मत कर फिकर हम ले आयेंगे तेरे मुसाफिर को,

क्योंकि तुम्हारी एक मुस्कुराहट काफी है हमें,

सारे जहाँ मे आग लगाने को |

Author - vikash soni

220. ना तीर करे,न तलवार करे,न करपाए कोई वीर,

वाणी मुख से यूं निकले घाव करें गम्भीर,

रिश्ते-नाते सब दूर भगाये पास न आये कोई मीत,

जल -जल मुआ खुद मरे जैसे वदन खुजाये सीत |

Author -vikash soni

221. कामयाबी के सफर मे, राह मे मिलने वाली मुश्किलों से

डरना छोड़ दे,

खुद के यकीन को दोस्त बना,और मायूसियों से अपना

मुख मोड़ ले,

अगर हासिल करना है तुम्हें, अपनी मंजिल को यहाँ,तो

अपने पैरों के छाले गिन्ना छोड़ दे |

Author - vikash soni

222. जब उनके दीदार के लिए उनकी गली से गुजरे,

हम तो उनकी राहे तक ते ही रह गये,

वो सामने आकर भी हमें अनदेखा करके चल दिए,

ना दीदार हुआ ना मुलाकात हुई बस यूं ही,

हम तो आशिकों की भीड़ ना जाने कहां खो गये |

Author - vikash soni

223. कभी एक लड़की ने हमसे प्यार का इज़हार किया,

तभी हमने आशिकों कि बस्ती मे नया मकान लिया,

हम नादान थे समझ न सके उस मासूम कि मोहब्बत को,

और हमने अनजाने ही उसके प्यार का आशियाना उजाड़ दिया |

Author -vikash soni

224. हम तो खामोशी से उनकी महफिल सजाते रहे,

खुद को उनके दोस्तों कि गिनती मे गिनाते रहे,

वो हमें अपने किसी और से इश्क़ कि दास्तान,

सुनाते रहे, और

हम उनकी खुशी कि खातिर अपने मासूम दिल के,

जज़्बातों को दबाते रहे,

हम तो खामोशी से उनकी महफिल सजाते रहे |

Author - vikash soni

225. वो कहते है कि हम उनके लायक नहीं,

हमारी लायकी तो बहाना है उनका क्योंकि,

जमाना जनता है कि हम इश्क़ मे जितने उनके,

लिए पागल है,

इतने बड़े तो हम भी नलायक नहीं,

Author - vikash soni

226. सफर ही आता है हमें हमसफ़र नहीं भाता,

अधूरी दिल की दास्तान को पूरा करना नहीं आता,

वो कहते है हमें की, हमारे ख्याल को दिल से,

निकालकर आगे बढ़ जाओ,

पर क्या करें हमें उनकी तरह हमारे दिल को झूठा,

दिलासा देना नहीं आता |

Author - vikash soni

227. हमारा इश्क़ अब हमें अधूरा सा लगने लगा,

प्यार का वादा था जो उनका अब हमें झूठा सा लगने लगा,

अब कैसे संभाले उनकी बेवफाई से खुद को क्योंकि,

उनकी यादों का समंदर भी अब हमें सूखा सा लगने लगा |

Author -vikash soni

228. उनके बगैर मन लगता नहीं लगाना पड़ता है,

दिल का दर्द दिखता है मगर छिपाना पड़ता है,

हम जाकर किसे सुनाये अपने इस ज़ख़्मी दिल कि दास्तान,

आँखों मे लेकर आंसू फिर भी होठों से मुस्कुराना पड़ता है |

Author -vikash soni

229. बचपन का प्यार ज़बानी मे उतर गया,

चाहत का दरिया गहरे पानी मे उतर गया,

जितनी सिद्दत से चाहा है हमने तुम्हें,

इसे देख आसमान सारा धरती पर उतर गया |

Author - vikash soni

230. ये दर्दे दिल तेरी रज़ा क्या है,

इस जख्मी दिल की वजह क्या है,

लोग यूं ही मायूस है अपने आप से,

कोई उनसे भी जाकर पूछे की ,

तुम्हारी मुस्कुराहट की वजह क्या है |

Author -vikash soni

231. ज़माने की आंधी ने प्यार की कस्ती को किनारा दे दिया,

हमें फिर से जीने का सहारा दे दिया,

जब से उलझे है उनसे रेशम के धागों की तरह,

बस तभी से अपना दिल उनके नाम कर दिया |

Author -vikash soni

232. लोग भले जाये चार धाम तीर्थ,

हम तो उनके घर के चार,चक्कर लगाकर खुश हो जाया करते थे,

देर होने पर पापा की डाट सुनकर भी उनके ख्यालों,में

मुस्कुराते थे,

खुद की स्कूल की छुट्टी करके उनको घर तक छोड़कर

आते थे,

पहचान नहीं थी उनसे हमारी मगर फिर भी वो हमें अपने

से नज़र आते थे |

Author - vikash soni

233. मेरे घर वालों को डर लगता कहीं में हार ना जाऊं,

इसलिए वो चाहते है कि में घर से बहार ना जाऊं,

अगर मेरी जीत और हार का फैसला वहां बहार ही होगा,

तो में पूछता हूं, अपने घर वालों से,

इसमें भला क्या मेरा, जो में उनका वचन निभाऊं |

Author - Vikash soni

234. वो हमें जानती भी रही, अपना मानती भी रही,

प्यार जताती भी रही, हमें समझाती भी रही,

कि अक्सर प्यार हो जाने के बाद, में उसे निभाती नहीं,

और वो ऐसे ही हमें अपना बनाकर, हमें सताती रही|

Author - Vikash Soni

235. लोग जो, तन्हाइयों में रहा करते है,

अक्सर उनसे दीवारे हाल - चाल पूछ लिया करती है,

घड़ी उनकी दुश्मन और ख़ामोशी उनकी दोस्त रहा

करती है |

Author - Vikash Soni

236. हमने मोहब्बत भी इतनी मोहब्बत से की,

के मोहब्बत को भी हमसे मोहब्बत हो गई |

Author - Vikash soni

237. मेरे शहर के लोग मुझसे इतना जलते है,

के अब पहचान के लोग बड़ी मुश्किल से मिलते है |

Author - Vikash Soni

238. दर्द बता, तुझे यार बनाने, काहे का जाम पेश करुँ,

तुझे अपना बनाने, कौन सी दुखती नश पेश करुँ |

Author - Vikash Soni

239. मेरा मुकाबला खुद से है, मेरे दोस्त,

अगर किसी और से होता तो कब का जीत गया होता |

Author - Vikash Soni

240. वो आशिक़ ही क्या, जिसने कभी मोहब्बत कर,शाराब

का जाम न पिया हो,

अपने दर्द को कम कर, हर शाम को शान से ना जिया हो |

Author - Vikash soni

241. वो बेखबर अंजान है, हमारे जज्बातों से,

उन्हें क्या खबर कि, ना जाने,कितनी राते गुजारी है,

हमने उनके ख्यालतों से |

Author - Vikash soni

242. हर कोई नहीं लड़ सकता अपने जज़्बात से,

मैंने वर्षों जंग कि है अपने आप से |

Author- Vikash soni

243. चलो इस गुमनामी के अंधेरों से, हम पार पा जाये,
अपनी इस भरी जवानी से, फिर से इंकलाब ले आये,
खामोश होकर क्या ही मिला,इस जहाँन में किसी को
चलो आज अपने हक लिए इस जहाँन में शोर मचाये |

Author - Vikash soni

244. तुम्हारी शर्मो हया कि अदा, सजदे के काबिल है,
तुम्हारा हर किसी पर ये निगाहों का जादू, सजदे के
काबिल है,
भले ही लाख इल्जाम लगे, तुम्हारी नियत पर,
मगर तुम्हारा युँ मुस्कुराकर दिल चुराने का हुनर,
सजदे के काबिल है |

Author - Vikash soni

245. इश्क़ हमने भी किया इस जामने में,
मगर हमने उसकी नुमाइश नहीं कि,
अगर एक बार उसने माना कर दिया मिलने को,
तो हमने उससे दोबारा गुजारिश नहीं कि |

Author - Vikash soni

246. तुझ पर अपना सर भी क़ुरबान कर देते ए मज़हब,

बस तुने पत्थरों से ना तोड़ा होता किसी मासूम का आशियाना

Author - Vikash soni

247. वो सुनती रही मुझे, गौर से, शायद में ही उलझन में था ,

वो बैठी रही मेरे करीब खामोश, न जाने में ही कहा कि बातों में था ,

याद है मुझे, वो लम्हा जब मेरा हाथ उसके हाथों में था

अरे बड़ी खूबसूरत घड़ी थी वो, जब मेरी बातों का जवाब उसकी मुस्कुराहट में था |

Author -Vikash soni

248. अब ना हम आएंगे ना हम जैसा कोई यहाँ आएगा,

शायद ही अब कोई तुम्हें मेरे जैसा बहलाएगा,

अब जायेगे वहाँ जहाँ मुक़द्दर हमें बुलाएगा,

देखना की इस बार वो हँसाता है हमें,

या वापस फिर से रुलाएगा |

Author - Vikash soni

249. हमने तो मोहब्बत करी है तुमसे, लेकिन तुम्हें मोहब्बत

हमसे नहीं,

तुम्हारे हर तानों का हमारे पास, बस जवाब है यही |

Author - Vikash soni

250. क्यों खामखा किसी से दिल लगाना,

फिर हॉस्पिटल का बिल बढ़ाना,

अरे अपने में मस्त रहो,

भला इस में क्या मजा,

किसी और के लिए अपना दिल जलाना |

Author - Vikash soni

251. या मेरा भगवान,या उसका खुदा,

या तेरा god, या किसी का रब,

ध्यान से देखों एक ही तो है सब |

Author - Vikash soni

252. हमें क्या रात सताएगी,

ना जाने कितनी रातें हमने नाव किनारे पर ठेली हैं,

इस चांद की रोशनी के मोहताज नहीं हैं हम,

हमारे पास जुगनुओं की चमचामती टोली है।

Author - Vikash soni

253. मेरे हिज्र का चेहरा दिखा कर जाऊँगा,

थोड़ा नहीं पूरा तबाह करके जाऊँगा,

और जो तुम दो मीठी बातें करके,

किसी को भी अपना क़रीबी बना लेती हो,

इस रीत को मैं पूरा मिटा कर जाऊँगा।

Author - Vikash soni

254. यारों किस मोड़ पर होगी मुलाकात में कह नहीं सकता,

तुम्हें भूल जाने का गुनाह में कर नहीं सकता,

तो मेरे इस दिल में रह जाओ तुम सब,

इससे ऊपर जगह में तुम्हें दे नहीं सकता |

Author - Vikash soni

Author - Vikash Soni का संक्षिप्त जीवन परिचय

मैं विकाश सोनी, 31 अगस्त 1993 को उत्तरप्रदेश के ललितपुर जिले में जन्मा। मेरा पालन-पोषण एक मध्यम वर्गीय परिवार में हुआ। मेरे पिता स्वर्गीय ओंकार प्रसाद सोनी सरकारी कर्मचारी थे और मेरी माता स्वर्गीय लीला सोनी गृहिणी थीं। मेरे बड़े भाई का नाम आकाश सोनी है, जो स्वयं एक सरकारी कर्मचारी हैं। उनके परिवार में मेरी भाभी स्मृति सोनी और उनका बेटा अयांश सोनी (आयु) है। मैं अपने परिवार का छोटा बेटा हूं।

मेरी प्रारंभिक शिक्षा मध्यप्रदेश के नरसिंहपुर शहर में स्थित सरस्वती शिशु मंदिर स्कूल से हुई। इसके बाद मैंने सागर शहर में पर्ल पब्लिक स्कूल से अपनी 8 वीं कक्षा पूरी की और फिर गवर्नमेंट हाई सेकेंडरी स्कूल, सागर से 12वीं कक्षा पूरी की। उच्च शिक्षा के लिए मैंने आर्ट एंड कॉमर्स कॉलेज से वाणिज्य विषय में B.Com और बाद में M.Com की पढ़ाई की।शिक्षा पूरी करने के बाद मैंने विभिन्न प्राइवेट कंपनियों में अलग-अलग क्षेत्रों में काम किया। लेकिन मेरे मन को किसी भी काम से संतुष्टि नहीं मिली। धीरे-धीरे मुझे अपनी लेखन की रुचि का पता चला। इसी प्रेरणा के फलस्वरूप मैंने यह किताब लिखी।मेरे पिता और माता ने मुझे हमेशा नेक, ईमानदार और न्यायप्रिय इंसान बनने की सीख दी। मैं अपने पिता के नक्शे कदम पर चलते हुए और अपने अनुभवों से प्रभावित होकर अपनी रचनाओं में जीवन की भावनाओं और अनुभवों को साझा करता हूं। जो लोग मुझे जानते हैं, वे मुझे “Golden Heart Man” भी कहते हैं। मेरी लिखी रचनाओं में मेरी सोच, मेरी भावनाएँ और मेरी संवेदनाएँ झलकती हैं। यह किताब मेरी और उन सभी लोगों की है, जो चुप रहकर भी बहुत कुछ कह जाते हैं।

Author – Vikash Soni

www.ingramcontent.com/pod-product-compliance
Lightning Source LLC
LaVergne TN
LVHW070451220926
848482LV00045B/434
9798901765388